Wilhelm Tomaschek

Die Goten auf der Krim

Europäischer Geschichtsverlag

Wilhelm Tomaschek

Die Goten auf der Krim

1. Auflage | ISBN: 978-3-73400-562-6

Erscheinungsort: Paderborn, Deutschland

Erscheinungsjahr: 2015

Europäischer Geschichtsverlag ist ein Imprint der Salzwasser Verlag GmbH, Paderborn.

Nachdruck des Originals von 1881.

DIE GOTEN IN TAURIEN

VON

WILHELM TOMASCHEK

AO. Professor an der Universität in Graz.

———————

WIEN, 1881.
ALFRED HÖLDER,
K. K. HOF- UND UNIVERSITÄTS-BUCHHÄNDLER.
ROTHENTHURMSTRASSE 15.

Alle Rechte vorbehalten.

Druck von Leykam-Josefsthal in Graz.

I.

Spärlich ist die Kunde, die wir über die alten Völker der taurischen Halbinsel besitzen. Sagenhafter und unbestimmter Natur ist der Name der Κιμμέριοι (phoen. *Qimmir* assyr. *Gimirri* hebr. *Gomer*), womit die Kleinasiaten überhaupt nordische Völkerschaften, zumal die skythischen Nomaden, bezeichnet haben. Es ist nur ein Trugschluss, wenn Aristeas und Herodotos die Kimmerier als ein vorskythisches Volk von den Skythen selbst unterscheiden; auf das Vorkommen des kimmerischen Namens in der Topographie Tauriens ist kein Gewicht zu legen; es ist natürlich, dass die hellenischen Ansiedler den durch die Phoeniker übermittelten Namen, welcher überdiess durch die homerischen Gesänge berühmt geworden, auf verschiedene Localitäten des Nordens übertragen haben. Die genauesten Berichte unterscheiden von den skythischen Nomaden der Ebene scharf die Völkersippe der Taurer, welche die Gebirge in dem südlichen Theile der Halbinsel inne hatte; an der Küste entlang begann das Verbreitungsgebiet der Taurer bei Συμβόλου λιμήν (j. Balaklawa) und erstreckte sich in einem Paraplus von 1300 Stadien bis Θευδοσία (j. Feodosia oder Kafa); die zahlreichen Bergschluchten und Engpässe boten einen natürlichen Schutz nach der ebenen Landseite hin, wo sich die „königliche Horde" (Σκύθαι βασιλήϊοι) festgesetzt hatte; gegen diese éranischen Eindringlinge vertheidigten die Taurer, welche das „autochthone" Volkselement der Halbinsel bildeten, oftmals ihre Freiheit mit Tapferkeit und Todesverachtung. Das in's Gebirge zusammengedrängte Volk zerfiel in viele Stämme, welche wahrscheinlich verschiedene Dialekte sprachen und unter eigenen Stammeshäuptern standen. Die Hauptmasse der überaus dichten Bevölkerung (Skymnos v. 831) betrieb Feldbau und war sesshaft; ein Bruchtheil war der nomadischen Lebensweise und der Viehzucht ergeben; die Anwohner der Küste jedoch trieben in den ältesten Zeiten Seeräuberei und waren ob ihrer

Grausamkeit, die sie an Schiffbrüchigen übten, verrufen; jeden Fremdling, „den die Wogen warfen an den Unglücksstrand", opferten sie unter mancherlei Ceremonien ihrer wahrscheinlich von den Phoenikern und Karern überkommenen Gottheit, der jungfräulichen Ἄρτεμις Ὀρσιλόχη (Anton. Liberal. 27). An der taurischen Küste landeten oftmals die kaukasischen Zyger (Čerkessen), Heniocher und Achaier (Abchasen) mit ihren leichten Fahrzeugen (καμάραι), um geraubte Knaben und Mädchen oder auch ihre eigenen Kinder in die Sklaverei zu verkaufen — eine Unsitte, die sich bis in die spätesten Jahrhunderte erhalten hat. An den Piratenzügen dieser Kaukasier nahmen auch die Taurier nicht selten Theil, wenn es galt, Kauffahrer, die vom Tanais und dem „kimmerischen" Bosporos mit reicher Waare beladen nach Byzanz segelten, abzufangen oder leichter zu machen; die bosporanischen Herrscher, wie Eumelos, waren zu wiederholten Malen gezwungen, dem Piratenwesen, das den Handel arg schädigte, gewaltsam zu steuern. Allmälig wurde jedoch auch der taurische Küstenstrich hellenisirt; wir finden da in späterer Zeit Ortsnamen hellenischen Klanges (Χάραξ, Λαμπάς u. s. w.), und selbst im Inlande erstanden, wie die Inschriften von Symferopol beweisen, hellenische Ansiedelungen. In Taurien fühlten sich die Hellenen gar nicht fremd; hier umgab sie die Natur ihrer Heimat; dieselben Vegetationstypen, die immergrünen Laubhölzer, all' die Culturpflanzen, welche dem Mittelmeergebiet eigen sind, gedeihen hier in reicher Fülle; das Klima ist hier ebenso günstig und milde, wie an der kleinasiatischen Küste und an der Propontis; das Gebiet der rauhen Winterstürme beginnt erst am Nordabhang des Gebirges, in der skythischen Steppe. Im Laufe der Jahrhunderte haben sich die alten Taurer vollständig in Griechen verwandelt, von ihrer Sprache ist keine Spur verblieben; am längsten hat sich, wie diess zu geschehen pflegt, der physische Habitus der altansässigen Bevölkerung erhalten.

Welcher ethnischen Gruppe dürfen wir die alten Ταῦροι beizählen? Cuno vergleicht diesen Namen mit dem der pontischen Τιβαροί oder Τιβαρανοί (hebr. *Tubal* assyr. *Tabal* vgl. Kiepert Lehrb. § 94), welche gleich den Lazen zu der iberisch-kaukasischen Gruppe gehören. Mit Recht betrachtet Fr. Müller (Ethnogr. S. 493) die Aboriginerstämme des Kaukasus als den Ueberrest einer ehemals ausgedehnteren Völkerfamilie, die durch das Andrängen fremder Stämme immer mehr beeinträchtigt wurde und sich nur vermöge des gebirgigen Terrains, welches sie einnimmt, bis auf den heutigen Tag erhalten hat. Wir dürfen demnach die Taurer zunächst an die Völker des nordwestlichen Kaukasus, namentlich an die Κερκέται (Čerkessen) oder *Zvyoi* (čerk. *zugh* oder *tsugh* „Mensch" pl. *tsughχé*), anknüpfen; dafür spricht die Schichtung, die geographische Nähe. Auch ist es gewiss kein Zufall, dass sich, wie im nordwestlichen Kaukasus im Stromgebiete des Kuban, so auch im Gebiete der Taurer ganz übereinstimmende megalithische Denkmäler vorfinden, welche den Vorfahren der Kaukasier angehören; bei *Gáspra*, bei *Aútka*, bei der steinernen Mauer zwischen *Oriánda* und dem Berge *Aï-Todor*, bei *Marsánda* und *Jálta* und namentlich im Thale von *Baï-dár*, also ausschliesslich auf taurischem Boden, werden Dolmen's in grosser Zahl angetroffen. Die Streitfrage, ob die gleichartigen Denkmäler, welche sich von Westeuropa an über Nordafrika und die Pontusländer in oft unterbrochener Verbreitung bis zur Irawadi in Hinterindien hinziehen, einem praehistorischen oder mehreren verschiedenen Völkern angehören, lassen wir unerörtert; die grössere Wahrscheinlichkeit spricht dafür, dass solche Steindenkmäler verschiedenen Racen und sprachlich von einander ganz gesonderten Völkern angehören. — Von der Sprache der alten Taurer dürfen wir vermuthen, dass sie jener der Čerkessen oder auch wohl der Abchasen nahe gestanden sei; die einzige taurische Glosse βριξάβα· κριοῦ μέτωπον, die der anonyme Verfasser περὶ ποταμῶν καὶ ὁρῶν ἐπωνυμίας 14, 4 bietet, entzieht sich indess jedweder Vergleichung.

Was den physischen Habitus betrifft, so lohnt es sich der Mühe, auf die Nachrichten der Alten über die Μακροκέφαλοι (poët. μακροκάρηνοι in den Fragmenten des Hesiodos), welche in der Nähe der Kolchier gehaust haben sollen, hinzuweisen. Strabon XI p. 520 sagt: „einige der kaukasischen Völker bemühen sich, so langköpfig als möglich zu erscheinen"; Genaueres berichtet Hippokrates de aëre § 80 fg.: „sobald ehemals ein Kind bei den Makrokephalen geboren wurde, suchten die Angehörigen durch Binden und andere gewaltsame Mittel dem Kopfe eine längliche Gestalt zu geben; so kommt es, dass auch zu meiner Zeit (400 v. Chr.), wo dieser Gebrauch nicht mehr üblich, bei ihnen Kinder mit länglichem Kopfe geboren werden". Auf dem Boden Tauriens, namentlich in den Grabhügeln von Kerč (Bosporos, Pantikapaion), sind Schädel gefunden worden, welche den makrokephalen oder, richtiger, hypsobrachykephalen Typus aufweisen; ebenso 1873 in Tiflis. Ganz gleiche Schädel mit deutlichen Spuren künstlichen Druckes kommen auch in den rheinischen Reihengräbern des 5. und 6. Jahrhundertes vor, ferner in Gräbern des Marchfeldes und der Theissebene; sie werden den Hunnen zugeschrieben. Dass die Bewohner Türkistan's der Sitte der Schädelverbildung huldigten, wissen wir aus der Beschreibung der Reiche Kuče und Kašgar bei dem sinischen Pilger Hwan-Thsang (630 n. Chr.); es heisst da: „ordinairement, lorsqu'un enfant vient au monde, on lui aplatit la tête en la pressant avec une planchette" (Si-yū-ki, p. St. Julien, I p. 4; II p. 22). Diese uralte Sitte tritt sporadisch auf sehr weit von einander entlegenen Gebieten auf und bezeugt ebensowenig Racengleichheit entfernter Völker wie andere Gebräuche der primitiven Menschheit. Stark ausgeartete hypsokephale Schädel finden sich besonders in Peru und werden da den alten Ynca's sowie den Aymara's beigemessen; Niemand wird aber den Peruanern, den Türken und den Kaukasiern Racengleichheit zuerkennen. Man vergleiche über diesen Gegenstand die trefflichen Abhandlungen v. *Baer's* „Die Makrokephalen im Boden der Krym und Oesterreichs" (Petersb. 1860 Mém. VII. sér. tom. II Nr. 6) und J. v. Lenhossék's „Die künstlichen Schädelverbildungen" (Budapest 1878), sowie Schaaffhausen's Bemerkungen (Archiv für Anthropologie XII. Bd. 1880 Corresp. bl. S. 129 fg.). Die makrokephalen Schädel der Krym den kaukasischen Aboriginern, den Taurern, abzusprechen liegt kein Grund vor; dazu kommt noch folgende Erwägung.

Auf der Südspitze der Halbinsel, in der Nähe des Vorgebirges Κριοῦ μέτωπον, haben sich noch am längsten Ueberreste der älteren Bevölkerung erhalten; auf dem Südabhange der Jaïla herrschte allezeit mehr Ruhe als in der Steppengegend, wo seit den Hunnenstürmen ein Turkstamm dem anderen nachfolgte. Während nun den Steppentataren der Krym durchgehends der übliche mongolische Typus anhaftet, fand der berühmte Naturforscher und Reisende Pallas (im Jahre 1774; s. d. Bemerkungen auf einer Reise in die südlichen Statthalterschaften des russischen Reichs II S. 148) in den Dörfern Kikineïs Liména Simeïs und Alupka am südlichen Küstensaume eine ganz anders beschaffene Bevölkerung vor. „Die Bergtataren in diesen Dörfern haben unter allen Bewohnern der Krym eine ganz ungewöhnliche Gesichtsbildung: ausserordentlich lange Gesichter, welche über alle Proportion lange und krumm gewölbte Nasen haben, und seitwärts platt zusammengedrückte hohe Köpfe machen die meisten von ihnen zu wahren Carricaturen; merkwürdig ist es dabei, dass diese Leute fast durchgängig hellbraune, röthliche oder gar blonde Haare und Bärte haben, was sonst in der Krym ungewöhnlich ist. Sie werden von den eigentlichen Krym'schen Tataren mit dem verächtlichen Namen *Tat* belegt." Von den Bewohnern Alúpka's bemerkt Pallas nochmals (S. 158): „Sie haben mit denen von Simeïs und Liména eine fast gleiche besondere Gesichtsbildung, auch ebenso lichtbraune und wohl gar blonde Haare, die sonst unter den Krym'schen Tataren sowie unter Griechen und Türken höchst selten bemerkt werden. Sie sind auf den Füssen überaus leicht und hüpfen im Gehen von Stein auf Stein, wie Tänzer, fort." Diese heutzutage in der Krym nicht mehr nachweisbaren Tat sind die zurückgebliebenen spärlichen Reste jener Bevölkerung, welche seit dem Jahre 1780 auf Befehl Katharina's II. an das azow'sche Meer versetzt worden war. Die Dorfschaften um Mariupol tragen noch jetzt die Namen der älteren Heimatstätten, z. B. *Laspi Stilja Jurzuf Jalta Sartana Jeni-sala Demirdži Dört-oba* u. s. w. Ein Theil dieser Ansiedler, welche sämmtlich dem christlichen Glauben angehören, spricht tatarisch-türkisch, ein Theil neugriechisch mit manchen Eigenthümlichkeiten (vgl. darüber W. Grigorowič, Ztschr. d. deutschen morgenländischen Gesellschaft XXXIII. Bd. 1874 S. 576—583). Diese „Mariupoler Griechen" nennen sich noch immer *Tat;* sie haben also den Namen adoptirt, den ihnen ehemals die krym'schen Tataren beigelegt hatten. Das Wort *tat* ist echttürkischen Ursprungs und bedeutet nach dem Dictionnaire Turk-oriental par Pavet de Courteille Paris 1870 S. 194 „gens de bas étage qui n'habitent pas dans les villes; un vagabond, un vaurien etc." oder auch, wie in einigen nordasiatischen Dialekten, „die unterworfene, nicht-türkische Bevölkerung; das autochthone Volkselement". Daraus erklärt sich auch die magyarische Bezeichnung *Tót* für die Slowaken. Wir finden aber denselben Namen auch frühzeitig auf die *gotische* Bevölkerung der Krym angewendet, welche, wie wir sehen werden, seit den Zeiten der Völkerwanderung das taurische Berggebiet in Besitz genommen und sich daselbst mit den Eingeborenen, den gräcisirten Taurern, vermischt hat. Es berichtet nämlich der Münchner Reisende Schiltperger (um 1400) Cap. 56: „die siebent sprauch haisst *Kuthia sprauch,* und die haiden haissents „*That*" und Cap. 36: „item es haisst ain stat *Karckeri*, die hat ain guts land, das haisst *Kuthi*; aber die haiden haissents *That*".

Sind nun jene Bergtataren, welche uns Pallas so ausdrucksvoll schildert, Ueberreste der alteinheimischen Taurer oder vielmehr Abkömmlinge der Goten? Die „seitwärts platt zusammengedrückten hohen Köpfe" gemahnen unwillkürlich an die kaukasischen Makrokephalen; die Blondheit der Haare dagegen passt weniger gut zu dem Typus der kaukasischen Aboriginer, denen schwarzes Haar und schwarze Augen eigen. Die Čerkessinnen sollen sich allerdings nicht selten durch „fuchsrothe" und „goldgelbe" Haare auszeichnen; doch scheint diese Färbung ein Resultat der Kunst zu sein, wie denn bereits die alten Griechen eine am Flusse Θάψος wachsende Wurzel anführen (Hesych. ϑάψινον, Sappho Fragm. 167), womit sich die Weiber der Κερκέται die Haare färbten. Ist die Blondheit der taurischen Hypsokephalen durch Reception erfolgt, durch Vermischung mit allophylen blonden Racen? Den Goten Taurien's dürfen wir ohneweiters blonden Typus zuschreiben; aber auch alanischen Stämmen war Blondheit eigen. Die Irōn oder Oseten des Kaukasus, Nachkommen oder Verwandte der Alanen, zeichnen sich noch jetzt durch lichte Haarfärbung aus; den Alanen selbst werden von Ammianus Marcellinus XXXI 2, 21 crines mediocriter flavi zugeschrieben; dasselbe Merkmal wird aber ausdrücklich jenen Sarmato-Alanen zuerkannt, welche sich in Taurien angesiedelt haben.

Nach dem Schwinden der Skythenmacht (200 v. Chr.) hatten bekanntlich sarmatische Stämme, zum grössten Theile gleich den Skoloten oder Çqudra's (vgl. Σκόρδοι im östlichen Baktra) éranischen Ursprungs, von den pontischen Steppen Besitz ergriffen. In das Erbe der „königlichen Horde" traten die Σατάρχαι oder Σατορχαῖοι ein, ein sarmatischer Stamm, der nach Ueberschreitung des Tanaïs (Plin. VI § 22) alles Land von den „Gräben" (Τάφραι, j. Perekop) bis zu den taurischen Bergen einnahm. Die Ansiedelung ihres Stammobersten Σατάρχη (baktr. *khšathrya* „herrschaftlich, königlich" mit Suffix-ka, neupers. *šahri* „städtisch") verlegt Ptolemaios nahe an die taurischen Berge, etwa nach dem heutigen *Eskisaraï*, zwischen *Symferopol* und *Alušta*. Diese Steppennomaden hausten in Erdhöhlen und lebten von Viehzucht; Gold und Silber kannten sie nicht; im Winter hüllten sie den Leib in Kutten ein, die mit Augenlöchern versehen waren. Das Merkmal der Blondheit wird ihnen von dem Dichter Valerius Flaccus VI 144 fg., wie es scheint, aus guter Quelle zuertheilt:

„Exomatae Torinique et *flavi crine Satarchae;*
mellis honos Torinis, ditant sua mulctra Satarchen".

Ihre taurischen Nachbarn erscheinen hier unter der Namensform Torini (Ταυριανοί); die Bienenzucht in Taurien ist, wie wir sehen, uralt, die reiche Vegetation der Bergabhänge, die Flora der Sommertriften ist derselben überaus günstig. Wachs und Honig bezogen die Griechen in ungeheuren Mengen aus dem Pontus (Polyb. IV 38); auch die heutigen Bewohner halten fast insgesammt Bienen; der taurische Honig wird in der Levante für den besten gehalten; zu Ende des vorigen Jahrhunderts wurden jährlich gegen 80.000 Oka davon ausgeführt. — Nach den Satarchen haben sich Bruchtheile der Alanen in Taurien niedergelassen; wahrscheinlich geschah diess erst in der Epoche der Hunnenstürme. Das Städtchen Sudak an der Küste, byz. Σουγδαία, arab. *Sughdaq* genannt, ist höchst wahrscheinlich eine Gründung dieser Alanen; der Name gemahnt auffallend an os. *sughdag*, (tag.) *süghdäg* „rein, lauter, heilig". In diesem Striche, zwischen Kafa und Alušta, lag das allerdings erst spät bezeugte Territorium Ἀλανία (neben Φοῦνα genannt in den Acta patriarchatus Cpol. II p. 67. 148 a. 1384. 1390). Für Kafa oder Theodosia selbst bezeugt den alanischen Namen der ungefähr im Jahre 460 verfasste anonyme Periptūs des Pontus (§ 51 p. 415 Müller): νῦν δέ λέγεται ἡ Θεοδοσία τῇ Ἀλανικῇ ἤτοι τῇ Ταυρικῇ διαλέκτῳ Ἀρδάβδα, τουτέστιν ἑπτάθεος. Müllenhoff (Monatsber. d. Berliner Akad. d. W. 1866 S. 564) erkennt in Ardabda oder, wie er der Etymologie zu Liebe schreiben möchte, Ἀβδάρδα den alten epichorischen Namen der Stadt bei den Skoloten. Aber die Skoloten haben sich, wie Müllenhoff selbst (S. 558) richtig bemerkt, von den übrigen Éraniern bereits zu einer Zeit abgetrennt, ehe die zoroastrische Religion herrschend wurde; in den Namen ἑπτάθεος ist aber eine deutliche Spur dieser Religion enthalten; unter den „sieben Göttern" sind die sieben Imšäspand's (*amešāo çpenta*), die obersten „unsterblichen Genien" des Awesta, gemeint. Auch bietet das Osetische, also ein alanischer Dialekt, für die Etymologie die genaueste Parallele in dem Worte *awd* „sieben"; *ard* „göttlich, heilig" (altpers. *arta* baktr. *aša*) hat sich zwar in dieser Bedeutung im heutigen Osetischen nicht erhalten; aber das os. Wort *ard, art* „Eidschwur" mag damit gleichen Ursprungs sein. Theodosia bildete seit alter Zeit die Grenzscheide des Gebietes der Bosporaner und der Chersonesiten; irgend eine heilige Stätte, ein den Göttern geweihter Altar, an der Südwestseite der Stadt mochte die beschworene Marke bezeichnet haben; daher die Bezeichnung bei den alanischen Anwohnern. Der Name *Kafa* (bezeugt in dem Excerpt des Const. Porphyrogen. de adm. imp. cap. LIII entweder aus Dexippos oder aus irgend einem Verfasser chersonitischer Dinge, p. 252 ἐν τῷ λεγομένῳ Καφᾷ u. p. 253 ἐν τοῖς τοῦ Καφᾶ τόποις) ist entweder taurischen Ursprungs (vgl. čerkess. *kuaffah* „Schiff, Höhlung") oder gleichfalls alanisch (vgl. os. *khaf* „Fisch" *khafin* „spielen" u. d. sarmat. Eigenname Καφάναγος).

Längst sind alle Spuren von Taurern und Skythen, von Alanen und Goten auf der Halbinsel verwischt worden; seit Jahrhunderten wird kein alanisches, kein gotisches, geschweige denn ein taurisches Wort daselbst vernommen; das Neugriechische und Tatarische hat diese Laute schon lange verdrängt — aber der physische Typus hat sich am dauerndsten erwiesen: der auf unerhebliche Reste zusammengeschmolzenen *Tat*-Bevölkerung ist die Hypsokephalie der uransässigen Taurer, die Blondheit der frühzeitig eingedrungenen Alanen und Goten bis fast auf unsere Tage verblieben!

In den folgenden Abschnitten ist der Versuch gemacht, die Nachrichten über die Goten in Taurien, welche daselbst ein dreizehnhundertjähriges Heldendasein verbracht haben, möglichst vollständig und geordnet, unter Verwerthung zweier russisch geschriebener Abhandlungen von Ph. Bruun und A. Kunik (in den Zapiski imperatorskoi akademii naukъ tom. XXIV St. Petersburg 1874: S. 1—60 „Černomorskie Goty", S. 61—160 „O zapiskě Gotskago toparcha") und mit Zugabe eigener Beobachtungen, darzulegen.

II.

Die Vorgeschichte der Goten (*Gutôs* oder *Gutans*, auch *Gut-thiuda*) und deren allmäliges Vordringen von den Gestaden des baltischen Meeres an die Mündungen des Danapris lassen wir unerörtert und nehmen als ausgemacht an, dass die gotische Bewegung im Zusammenhange steht mit dem markomannischen Kriege (166—180) und dass die Goten bereits zu Beginn des dritten Jahrhundertes an den pontischen Küsten anlangten. Im Jahre 251 fand Kaiser Decius bei dem Sumpfe Halmyris in Klein-Skythien im Kampfe wider die Goten den Tod; bald darauf finden wir die Goten im Besitze des kimmerischen Bosporos, von wo aus sie nun zu wiederholten Malen im Vereine mit Boranen und Urugunden, Völkern ungewisser Abstammung, die pontischen und kaukasischen Küsten sowie die reichen Provinzen Kleinasiens plündern. Zosimos berichtet (I, 31 p. 30), dass die Bosporaner den Barbaren — die wahrscheinlich schon in ihren baltischen Sitzen die See befahren hatten — ihre Fahrzeuge hergaben und auf den Raubfahrten als Wegweiser dienten. Bisher hatten die bosporanischen Dynasten die Nordvölker von solchen Versuchen abzuhalten verstanden; als aber nach dem Aussterben der von Mithradates begründeten pontischen Dynastie maiotische Hordenführer (wie 'Ινινθυμήνος Φαρεάνζης Σύγγης Τειράνης Θοθόρσης 'Ραδαμσάδιος) das Regiment führten und Anarchie eintrat, hatten die Goten leichtes Spiel, den Bosporos in ihre Gewalt zu bringen; nur die mächtige Freistadt Cherson stand als festes Bollwerk gegen die Barbarenwelt da. Unter Constantinus (321) zog der Gotenfürst 'Ραυσίμοδος von den pontischen Gestaden über die Donau und verheerte das römische Gebiet (Zosimos II, 21); in diesem oder in einem der folgenden Gotenkriege geschah es, dass der Kaiser die Chersoniten zu einer erfolgreichen Flottendiversion nach den Donaumündungen bewog und die Privilegien ihrer Stadt erneuerte.

Die wiederholten Plünderungszüge, welche die Goten von der Mündung des Danapris und vom Bosporos aus nach den oströmischen Landen unternahmen, gemahnen ganz an die späteren Fahrten der Normannen oder Rōs. Damals wie später zogen die Fahrten einen weltgeschichtlichen Culturerfolg nach sich. Durch die zahlreichen christlichen Gefangenen, welche aus den Provinzen in die nordischen Lande gebracht worden waren, wurden die Goten wie später die Rōs mit der christlichen Religion bekannt gemacht; ein nicht unbeträchtlicher Theil wandte sich im Laufe der Zeit dem neuen Glauben zu; zuerst und am leichtesten trat dieser Umschwung auf der taurischen Halbinsel ein; hier hatte wohl seinen Sitz jener „gotische" Bischof, den wir auf dem Concil von Nikaia (325) finden, *Theophilus Gothiae metropolis*. Der Bischof *Unila* dagegen, dessen Joannes Chrysostomos im XIV. Briefe (d. 404 aus Kukussós in Kappadokien: Οὐνίλας ὁ ἐπίσκοπος ὁ θαυμαστὸς ἐκεῖνος, ὅν ποτε ἐχειροτόνησα καὶ ἔπεμψα εἰς Γοτθίαν) gedenkt, scheint eher der gotischen Kirche an der unteren Donau anzugehören, worauf die Erwähnung des ῥῆξ τῶν Γότθων hinweist. Welcher Zeit *Goddo* episcopus *Gotthiae* angehört, der die Uebertragung der Reliquien des Märtyrers Inna Pinna und Rinna nach Aleški an der Dnēpermündung angeordnet haben soll (Calendar. ed. Weršinski St. Petersb. 1854 zum XX. Juni), wagen wir nicht zu bestimmen.

Die Hauptmasse der Goten zerstreute sich allmälig über die ganze römische Welt; nur in Taurien verblieb ein spärlicher Bruchtheil dieses Volkes in seiner ihm liebgewordenen Heimat, in der Nachbarschaft der Hunno-Bulgaren, in dem schönen Berggebiete zwischen den Mauern von Bosporos und von Cherson, und überdauerte alle Stürme der Völkerwanderung. Ob diese Goten gerade zu den Ostgoten und zu dem Reiche des *Airmana-reiks* aus dem Geschlechte *Amala* gehörten, wie gewöhnlich der geographischen Schichtung zu Liebe angenommen wird, ob sie nicht vielmehr einem sprachlich stark abweichenden Gliede der gotischen Familie zugehören, ist schwer zu entscheiden; merkwürdig bleibt es immerhin, dass die allerdings aus einer sehr späten Zeit herrührenden Sprachproben Busbeck's neben echtgotischen Bestandtheilen doch zumeist ein dem deutschen Zweige nahe stehendes Gepräge aufweisen. Nichts hindert uns anzunehmen, dass die Sprache der Moeso-Goten, die uns aus *Vulfila's* Bibelübersetzung bekannt ist, nicht ausschliesslich die herrschende war und dass sich schon das Westgotische, um von der Sprache der Heruler nicht zu reden, von jener merklich unterschied.

Es ist hier nöthig, sich die Schichtung der hunno-bulgarischen Stämme zu vergegenwärtigen. Im äussersten Westen, an der mittleren Donau, waren die Reste der *Ultzintzures* oder Οὐλτίντζουροι, der *Bittugores* oder Βίττορες, und der *Bardores* (vgl. türk. *bärd* „ausserordentlich") gelagert, welche frühzeitig im Gewirre der Gepiden, Slowenen und Awaren verschwanden; einen kümmerlichen Ueberrest finden wir (630) bei den krainischen Wenden und nachmals in den Abruzzen (Zeuss S. 717); andere Bruchtheile in Dacia ripensis und Scythia minor. Die Βουρούγουνδοι, welche vormals sehr mächtig gewesen waren und vielleicht mit den pontischen Οὐρούγουνδοι des Zosimos zusammenfallen, verloren sich gleichfalls vom Schauplatz; dagegen begegnen wir noch lange nach dem Awareneinbruch bulgarische Ὀνογούνδουροι, die nördlichen Nachbarn der räuberischen Κοντρίγουροι (vgl. türk. *kötrügür* „ruhmvoll"), deren Verbreitungsgebiet von den Donaumündungen bis zu den Westgestaden der Maiotis sich erstreckte; Jordanes sagt von ihnen: „*Cutziagiri* iuxta *Chersonem*, quo Asiae bona avidus mercator importat, aestate campos pervagantur effusos, sedes habentes prout armentorum invitaverint pabula, hieme supra mare Ponticum se referentes." Aus diesen Stämmen giengen jene Bulgaren hervor, die nachmals (679) in das Haemusgebiet eindrangen und hier die sieben Slowenenstämme unterjochten. Viel weiter im Nordosten sassen die Ὀνόγουροι, von denen Jordanes sagt: „*Hunuguri* hinc sunt noti, quia ab ipsis *pellium murinarum* venit commercium"; ihr Gebiet *Onogoria* nennt noch der Ravennate. Am südlichen Ural sass der Stamm Βαρσήλ. Zwischen den Wolgamündungen und dem östlichen Kaukasus breiteten sich die Σάβειροι oder *Saviri* aus, die später der Landschaft *Šabiran* südlich von Darband den Namen gaben; sie waren die unruhigsten und unternehmendsten unter allen Bulgaren; sie unternahmen zahlreiche Raubzüge nach Armenien, Syrien, Kappadokien und nach den pontischen Provinzen. Die Stammnamen *Sabir* oder *Sawar Barsil Unundur*, sowie *Tarna* (vgl. die Ταρνάχ des Theophylaktos), finden wir noch spät bei den Chasaren und Wolga-Bulgaren. Die schon von Attila unterworfenen finnischen Stämme an der mittleren Wolga hiessen bei den Hunnen Ἀκάτζιροι oder „Waldleute" (türk. *aghač-ir*). — An der Ostseite der Maiotis bis zum nordwestlichen Kaukasus hinab, zugleich im Besitze des Bosporos, finden wir die Οὐτίγουροι (türk. *utighur, uïghur* „geeinigt, verbündet" oder „folgsam, gesittet"), in zahlreiche Stämme gespalten und über viele anders geartete Völker gebietend, und mit dem oströmischen Reiche meist befreundet. Mit diesen Utiguren hatten es vor allem die taurischen Goten zu thun.

Prokopios (de bello Gotico IV, 5 p. 477) berichtet, dass die bosporanischen Goten, ἀλκιμώτατοι τῶν τῆδε βαρβάρων, ihr von Natur aus festes und Sicherheit bietendes Territorium, das von der Nordseite nur einen einzigen schmalen Zugang besitzt, gegen die eindringenden Utiguren heldenmüthig vertheidigten; zahlreiche und blutige Kämpfe wurden ausgefochten; endlich zogen es die Barbaren vor, sich gütlich zu einigen. Die Goten behielten ihr Gebiet, φίλοι δὲ καὶ ξύμμαχοι τὸ λοιπὸν Οὐτιγούροις ὄντες, ἐπὶ τῇ ἴσῃ καὶ ὁμοίᾳ σφίσιν ἐνταῦθα βιώσοντες τὸν πάντα αἰῶνα. Die Goten wurden Waffenbrüder der Utiguren, gleich den Alanen und Čerkessen. Als später die Utiguren unter Sandilch einen Zug gegen die Kutriguren unternahmen und über den Tanaïs setzten, nahmen sie als Hilfsvolk mit δισχιλίους Γότθων τῶν σφίσι προσοίκων, οἳ δὴ Τετραξῖται καλοῦνται (Prokopios IV, 18 p. 553). Der Name οἱ Τετραξῖται, den die taurischen Goten führen, erklärt sich am besten, wenn wir annehmen, dass vier Herzoge (got. *fidur-reiks*) an ihrer Spitze standen, den Tetrarchen der kleinasiatischen Galater vergleichbar; jeder mochte ungefähr eine Schaar von tausend Waffenfähigen befehligen. Dieser Viertheilung entspricht es, dass die Goten später vier Abgesandte (πρέσβεις τέτταρας) nach Byzanz schickten.

Die Bundesbrüderschaft der Goten mit den Utiguren war auf Gewalt gegründet; wir finden es natürlich, dass das Christenvolk dem aufgezwungenen Bündniss nur unwillig folgte und jede Gelegenheit ergriff, die Beziehungen zu Byzanz fester zu gestalten. Fassen wir die Vorgänge, die sich unter Justinus I. (518—527) und Justinianus (527—565) im Bosporos abwickelten, näher in's Auge. Die Hunnen hatten das bosporanische Gebiet in ihre Gewalt gebracht; die Stadt selbst, der Hauptmarkt für die nordischen Barbaren, anerkannte zwar die Oberherrschaft des Hunnenfürsten, behielt jedoch die Verwaltung ihrer municipalen Angelegenheiten und eine Art Autonomie. Dieses Verhältniss änderte sich mit dem Jahre 522 insofern, als die Stadt eine römische Besatzung erhielt. Damals wurde Probus von Kaiser Justinus abgeschickt, um die Utiguren und andere Hunnenvölker zu einem Einfall in das persische

Gebiet zu bewegen und zugleich im Hinblicke auf die drohenden kriegerischen Verwicklungen mit dem Perseršāh im Bosporos selbst eine feste militärische Position zu schaffen; mit schweren Geld- opfern erkaufte Probus von den Utiguren das Recht, dass von nun an ein römischer Commandant (στρατηγός) in der Stadt befehligen sollte. Auch der Sawiren-Fürst *Džilch-bī* (Ζιλγβί) nahm Jahresgelder an, was ihn jedoch nicht abhielt, im nächsten Jahre seine Horden dem Perseršāh zur Verfügung zu stellen; dieser liess den „treulosen Hund" erschlagen. — Wie fest sich damals die Utiguren an die Römer anschlossen, ersehen wir aus den nachfolgenden Ereignissen. Im Jahre 528, bald nach Justinian's Regierungsantritt, kam ihr Fürst *Γρώδ* oder *Γορδᾶς* (ὁ πλησίον Βοσπόρου ῥὴξ τῶν Οὔννων, Malala und Theophanes) nach Byzanz, erneuerte das Bündniss mit dem Reiche und liess sich taufen; mit Geschenken überhäuft kehrte er zurück εἰς τὸ φυλάττειν τὰ Ῥωμαϊκὰ καὶ τὴν Βόσπορον. Als er sich jedoch in seinem Glaubenseifer vermass, die Götzen aus Silber und Bronze, welche sein Volk anbetete (τὰ ἀγάλματα, ἃ ἐσέβοντο οἱ Οὔννοι, ἀργυρᾶ καὶ ἠλέκτρινα), einzuschmelzen und in Bosporos für Geld einzutauschen, wiegelten die Zauberpriester das Volk auf, Grod wurde beseitigt und sein Bruder *Μοῦγελ* oder *Μουαγέρης* zum Volkshaupt ernannt; zugleich regte sich der Antagonismus gegen den römischen Einfluss, welchen die Bürger der Stadt selbst gewiss nur ungern ertrugen. Die römische Besatzung in Bosporos wurde niedergemacht. Der Kaiser ernannte, aus Furcht vor den bosporanischen Fahrzeugen, einen eigenen κόμης στενῶν τῆς Ποντικῆς θαλάσσης mit dem Sitze in Hierion, den Exconsul Joannes; in Odyssos wurde die Expeditions- flotte gesammelt und die gotischen Hilfstruppen unter Gudila und Baduar eingeschifft. Bosporos wurde eingenommen, und die unge- berdigen Hunnen zerstoben oder unterwarfen sich. Zur Sicherung für künftige Ereignisse liess der Kaiser die beiden Bollwerke Cherson und Bosporos restauriren; in Cherson hatte bereits Kaiser Zeno (476) die Befestigungen durch den κόμης Διογένης verstärken lassen (C. I. Gr. Nr. 8621).

Gewiss haben sich zu dieser Zeit, als der römische Einfluss in Bosporos begründet und wieder erneuert wurde, die taurischen Goten als *foederati* den Römern angeschlossen. Prokopios sagt von ihnen (de aedif. III, 7): Ῥωμαίων καὶ εἰς ἐμέ εἰσι ἔνσπονδοι· ξυστρα- τεύουσί τε αὐτοῖς ἐπὶ πολεμίους τοὺς σφετέρους ἰοῦσιν, ἡνίκα ἂν βασιλεῖ βουλομένῳ εἴη. ἐξικνοῦνται δὲ ἐς τρισχιλίους, καὶ τὰ πολέμια ἔργα εἰσὶν ἄριστοι. So ehrenvoll das Lob ihrer Tapferkeit klingt, so hören wir noch lieber folgenden Preis: τά τε ἐς τὴν γεωργίαν αὐτουργοὶ δεξιοί, καὶ φιλοξενώτατοι δέ εἰσιν ἀνθρώπων ἁπάντων. Von heidnischen Zeiten her adeligen Sinnes und der altgermanischen Sitte der Gastfreundschaft huldigend, wurden sie auf taurischem Boden geschickte und fleissige Ackerbauer und Winzer; dem christlichen Glauben folgten sie aus tief innerer Ueberzeugung und hielten sich frei von allem Sectenwesen.

Im Jahre 548, dem 21. der Regierung Justinian's, schickten die Tetraxiten an den Kaiser vier Abgesandte, mit der Bitte, er möge ihnen einen Bischof schicken. Ihr geistliches Oberhaupt war mit Tod abgegangen, und sie hatten erfahren, dass der Kaiser den zum Christenthume bekehrten Abasgen einen Bischof geschickt habe; sie baten um dieselbe Gunst. Der Kaiser willfahrte ihrem Wunsche und fasste überhaupt die taurischen Angelegenheiten scharf in's Auge. In geheimer Unterredung erklärten ihm die vier Sendlinge, wie vortheilhaft es wäre, wenn unter die bulgarischen Stämme des Pontus Zwietracht gesäet würde und die Barbaren sich selbst gegenseitig aufrieben. Der Kaiser beschloss, sich der bosporanischen Utiguren gegen die Kutriguren, welche die Donaugrenze wiederholt beunruhigten, zu bedienen. Während er dem Utigurenfürsten Σανδίλχ Jahresgelder zahlen liess und ihn überdiess mit Ehren und Geschenken überhäufte, schlug er dem Kutrigurenfürsten Χινιάλ alles rundweg ab; dieser liess (553) seine Horden mit verstärkter Wuth über die Donauprovinzen herfallen. Sandilch fiel den Kutriguren in den Rücken; wiederholt gelang es ihm, ihnen die erbeuteten Güter und Gelder abzunehmen; allmälig erkannte jedoch der Barbare, dass er ein blosses Werkzeug der Politik sei; er ward es müde, „seine Stammesgenossen, welche dieselbe Sprache, Kleidung und Sitte hatten, bis zur Vernichtung zu befehden". Wiederum drangen die Kutriguren unter Ζαβεργάν (türk. tsäbär „gut, hübsch") in die romäischen Provinzen ein; mit Mühe wurden sie von Belisar (559) vor den Mauern Constantinopel's zurückgeschlagen; später geriethen sie in die Abhängigkeit der Awaren und verwüsteten auf Geheiss des Chaghan's Dalmatien.

Kaiser Justinianus traf geeignete Massregeln, um das Gebiet seiner Foederirten zu schützen. Die Goten hatten es seit jeher vorgezogen, nach alt-germanischer Sitte in freien unbefestigten Weilern zu hausen; ihre Heimstätten liess der Kaiser nach wie vor unbefestigt. An der Meeresküste jedoch, wo sich Griechen am zahlreichsten angesiedelt hatten, liess er mehrere Orte stark befestigen; so namentlich τό τε Ἀλούστου φρούριον (j. Alušta) καὶ τὸ ἐν Γοϱζουβίταις (j. Gurzúf). Prokopios (de aedif. III, 7 p. 261) fügt hinzu: ἔστι δέ τις ἐνταῦθα χώρα κατὰ τὴν παραλίαν, Δόρυ ὄνομα, ἵνα δὴ ἐκ παλαιοῦ Γότθοι ᾤκηνται, οἳ Θευδερίχῳ ἐς Ἰταλίαν ἰόντι οὐκ ἐπισπόμενοι, ἀλλ᾽ ἐθελούσιοι αὐτοῦ μείναντες Ῥωμαίων καὶ ἐς ἐμέ εἰσι ἔνσπονδοι. αὐτὴ δὲ ἡ χώρα τὸ Δόρυ τῆς μὲν γῆς ἐν ὑψηλῷ κεῖται, οὐ μέντοι οὔτε τραχεῖα οὔτε σκληρά ἐστιν, ἀλλ᾽ ἀγαθή τε καὶ εὔφορος καρπῶν τῶν ἀρίστων. Diesen Vorort der Goten erwähnt auch der lateinische Grammatiker Priscianus (Inst. Gramm. VI, 1), der in den ersten Jahren der Regierung Justinian's schrieb: „in Graecis autem invenitur etiam y, ut *Dory*, nomen oppidi Pontici." Ein anderes Zeugniss bei den späteren Ravennaten (c. 880) ist nicht ganz sicher; dasselbe bietet IV, 3 die Ortsreihe „Borustenida Olbiapolis Callipolis *Dori* Chersona Theosiopolis Careon Trapezus"; aber die Paralellstelle V, 11 lautet: „Borystenida Callipolis Chersona Theodosia *Dosiopolis* Careon Trapezus" und auch des Ravennaten Quelle, Jordanes Get. 5, bietet nur die Namen „Borysthenida Olbia Callipoda Chersona Theodosia Careon etc."; indess kann der Ravennate aus einer anderen Quelle „Dory polis" eingeschaltet haben. Anderen Ortes werden uns die Schreibweisen Δόρος Δάρας Δώρας, gen. Δώραντος, begegnen. Der Name, so griechisch er auch aussieht, muss gleichwohl aus dem Gotischen selbst erklärt werden; Kunik vermuthet eine Form *daurant;* wir verweisen auf den got. Plural *daurôns* vom schw. Fem. *daurô* „Thor" und auf das von Busbeck überlieferte, aber wohl im Anlaut entstellte *thurn* „porta". Das würde darauf hindeuten, dass der Ort einen Engpass beherrschte oder nicht weit von den befestigten Engen stand, welche aus dem Innern der Halbinsel über die Jaīla zur Südküste hinüberführten. Ueber diese Befestigungen berichtet Prokopios Folgendes: ὅπη ποτὲ τῶν ἐκείνῃ χωρίων βάσιμα εὐπετῶς τοῖς ἐπιοῦσιν ἐδόκει εἶναι, ταύτας δὴ τειχίσμασι μακροῖς τὰς εἰσόδους περιβαλὼν τὰς ἐκ τῆς ἐφόδου φροντίδας ἀνέστειλε Γότθοις. Die offenen Zugänge in das Bergland sicherte also der Kaiser durch lange Mauern und Verschanzungen, deren Vertheidigung er den Goten auftrug. Sollten sich von diesen Mauern gar keine Ueberreste erhalten haben? In der That sind solche gefunden worden. Kurz fasst sich hierüber Montandon (Guide du voyageur en Crimée, Odessa 1834, p. 119) bei der Beschreibung der Route Symferopol-Čawki-Alušta: „au de là de Čawki, on traverse une petite plaine ouverte, entre *le Angar* et des collines, couvertes de prairies et de riches moissons. à 230 pas de la borne de la 5ᵉ verste, en continuant sa route, on voit à gauche, dans la coupe des terres qui touchent au chemin, *les fondatious d'une forte muraille*, à laquelle les Tatares accordent par tradition *la plus antique origine;* il paraîtrait en effet, en examinant les localités, que cette muraille a pu servir, à une époque où la Crimée était en guerre, à fermer *toute communication de ce côté.* les Tatares appellent ce passage *Demir-qapu* („porte de fer"); on retrouve en plusieurs endroits de la montangne à l'est, sur une distance de 15 verstes, le traces de cette muraille qui porte le nom de *Qalanen-baïré*"; und (p. 127) bei der Beschreibung von Kastél-Gorá südlich von Alušta: „on y voit aussi les traces d'un ancien mur appelé par les Tatares *Demir-qapu;* il parait qu'il avait été bâti comme celui de Čawki pour fermer le passage de la montagne." Jene Route beschreibt Köppen unter dem Namen *Angár-boghás;* die den Engpass umgebenden Berge heissen bei ihm *Aghyzyn-xyry* („Mündungshöhen"); Spuren von Mauern fand auch er an der schmalsten Stelle des Weges, am Gurlyk-su, der sich in den Bach Angar ergiesst. Am nödlichen Ende dieser Mauer, im Quellgebiet des Salgyr, im Umkreis der Orte Aï-Ján Čawki Eski-saraï Čolmán und Takónda, suchen wir demnach das gotische *Daurôns*, und nicht, wie diess gewöhnlich geschieht, bei Mangup. In den Defiléen nördlich vom Čatir-dagh mit ihren fruchtbaren Aeckern, ausgebreiteten Gärten, grünen Wiesen und wildreichen Wäldern haben die Goten manchen Strauss mit den Hunnobulgaren, Chazaren, Pečenegen und anderen Eindringlingen ausgefochten.

III.

In das Jahr 563, das 36. der Regierung Justinian's, fällt die Gesandtschaft, welche der Türkenchaghan *Askin* oder *Askil* ('Ασκὴλ ὁ ῥὴξ Ἑρμηχιόνων, τοῦ ἔσωθεν κειμένου τῶν βαρβάρων ἔθνους πλησίον τοῦ ὠκεανοῦ, Theophanes) zum Zwecke eines gegen die Perser gerichteten Bündnisses an den römischen Hof nach Byzanz abschickte. In den sinischen Annalen wird dieser Türkenfürst *Sse-kin* mit dem Beisatz *Mo-han khan* genannt und seine Regierung in die Jahre 553—569 verlegt; sein Reich erstreckte sich von der Wüste *Ša-mo* bis zu dem „Westmeere", vom Tarymbecken bis zu den Tundren am *Kien* (Kam oder Jenissei); sein Hauptlager war im „Goldgebirge" *Kin-šan* (oder Altaï). Erst im Jahre 572, dem 7. des Justinus II. (565—578), wurde die Gesandtschaft erwidert; der Kaiser betraute den Zemarchos mit der gefährlichen Mission nach Inner-Asien, welche zwei Jahre in Anspruch nahm und die uns Menandros so lebhaft schildert; die Zurückgekehrten „erzählten viel Wunderbares von der Menge der türkischen Völker, von den Merkwürdigkeiten ihrer Gegenden und der Ordnung und Festigkeit ihrer Regierung". (Joannes v. Ephesos VI, 23). Eine zweite Gesandtschaft mit Valentinus an der Spitze (580) fällt in das zweite Jahr des Tiberius (578—582); einer ihrer Zwecke war der Ausgleich in der „Awarenfrage".

Nach den Hunnen und vor den Türken waren nämlich die Awaren das mächtigste Volk Inner-Asien's gewesen; ihrem Reiche hatte Tu-man, Sse-kin's Vater, ein Ende gemacht (545); die geschlagenen *Ovάρ* entzogen sich dem Machtgebote der Türkenchane durch Flucht nach dem Westen. Einem gewaltigen Sturme gleich kamen die flüchtigen Horden gegen den Pontus und Kaukasus herangebraust, πᾶσι τοῖς ἐν ποσὶ βαρβάροις ἀνταγωνιζόμενοι (Euagrios V, 1); sie warfen sich auf die Sabiren, auf die Alanen, auf die Utiguren, endlich auf die Kutriguren; alle diese Völker mussten sich unterwerfen. Awarische Abgesandte kamen (558) nach Byzanz und forderten gute Wohnsitze; ihre in langen Zöpfen geflochtenen Haare waren für den Stadtpöbel ein ungewohnter Anblick. Endlich entlud sich diese Völkerfluth nach den Ebenen Pannonien's. Die Geldleistungen, welche die Römer bisher den bulgarischen Stämmen entrichtet hatten, beanspruchten fortan die Awaren für sich; ihr Chaghan *Bajan* (türk. mong. *bajan* „reich") wies darauf hin, dass ja die Utiguren und Kutriguren seine Unterthanen wären. Die Türken aber machten wiederholt Miene, die entflohenen Awaren sogar in ihren westlichen Wohnsitzen aufzusuchen; die Zerwürfnisse der eigenen Häupter und Stämme und die Verwicklungen in Inner-Asien liessen das Vorhaben unausgeführt; nur die hunnobulgarischen Utiguren und die Stämme nördlich vom Kaukasus geriethen in den Machtbereich der Türken. Der Utigurenfürst *Anaghaï* erhielt (580) von dem Türkenchaghan den Befehl, Bosporos einzuschliessen; zu seiner Verstärkung wurde der Türke *Bughaxan* abgeschickt; die Stadt fiel (581); doch blieb sie nicht lange in den Händen der Türken vom Altaï. Denn das grosse Reich zerfiel, und auf den Trümmern desselben erhoben sich neue Herrschaften, neue Völker.

Zunächst, wenn auch nur auf kurze Zeit, erhielten die zwischen Awaren und Türken eingekeilten Hunnobulgaren freiere Luft. Im Jahre 619 erscheint ’Ὀργανᾶς ὁ τῶν Οὔννων κύριος mit seinen Magnaten in Byzanz und lässt sich taufen; im Jahre 635 entledigt sich Κούβρατος, ὁ ἀνεψιὸς ’Ὀργανᾶ, ὁ τῶν Οὐννογουνδούρων κύριος, der awarischen Oberherrschaft vollends, schliesst mit Kaiser Heraklios, einen Vertrag ab und wird Patricius des Reiches. Aber schon der jüngste Sohn dieses Kuwrat, Βατβαϊάν, τῆς πρώτης Βουλγαρίας ἄρχων tritt in völlige Abhängigkeit zu den aus Berzilia eingedrungenen Chazaren (um 650). Diese türkische Horde, welche an der unteren Wolga eine neue Herrschaft schuf, bewahrte getreulich alle staatlichen Einrichtungen der Türken, beherrschte jedoch zumeist hunnobulgarische, sowie altansässige finnische, ugrische und kaukasische Stämme; daher die divergirenden Angaben über die Sprache der Chazaren. Wir können nicht einmal den Namen *Chazar* sicher deuten; bezeichnet derselbe das Reichsterritorium, so wäre immerhin mong. *ghačar*, magy. *hatar* zu vergleichen; möglicherweise bedeutet jedoch der Name „Kriegsmann". Zum ersten Male hören wir von diesem Volke im Jahre 623; damals durchbrach, wie Moses Kalankatwatsi in seiner Geschichte der Aluanq berichtet, *Džebu-chaghan* (vgl. ὁ στρατηγὸς Ζιεβήλ, δεύτερος ὢν τοῦ χαγάνου τῇ ἀξίᾳ,

Theophanes) mit seinem Sohne Šat die Klause von Darband und vereinigte sich in Tiflis mit den Heeresmassen des Kaisers Heraklios zu gemeinsamem Zuge gegen die Perser. Die Kämpfe mit den kaukasischen Bergvölkern und (seit 640) mit den Glaubensschaaren der Araber nahmen die volle Thätigkeit der Chazaren in Anspruch; nach den pontischen Gestaden hin haben sie sich erst seit 650 ausgebreitet. Hier hatten sie es mit den Hunnobulgaren zu thun, auch wohl mit den Čerkessen und Alanen. Nachdem sie sich schliesslich der bosporanischen Herrschaft bemächtigt hatten, waren es die *Goten*, die einen langen, aber fruchtlosen Widerstand leisteten; nicht einmal Cherson konnte sich dem chazarischen Machtbereich auf die Dauer entziehen.

Diese Freistadt war unter den oströmischen Kaisern, gleich den Castellen an der kaukasischen Küste und den Felsburgen Kappadokien's, häufig der Ort, wohin missliebige Parteihäupter in die Verbannung geschickt wurden; an den „skythischen" Gestaden sollte die Stimme der Unzufriedenen verhallen. So wurde im Jahre 460 der alexandrinische Bischof Timotheos nach Cherson verwiesen; auch Ailuros wurde im Jahre 477 dahin versetzt. Berühmt ist das Exil des römischen Bischofs Martinus geworden, den Kaiser Constantius (641—668) im Jahre 654 nach Byzanz und von da nach Cherson gewaltsam abführen liess (Theophan. p. 537 ἐξώρισεν εἰς τὰ τῆς Χερσῶνος κλίματα, p. 510 ἐν ἐξορίᾳ παρέπεμψεν ἐν Χερσῶνι καὶ τοῖς λοιποῖς κλίμασιν, wo Anastasius übersetzt „apud Chersonam et alia climata"); der hl. Vater starb daselbst im folgenden Jahre (655, 16. Sept.); rührend sind die Klagebriefe, die derselbe von hier aus schrieb; es herrschte in Cherson grosser Mangel an Lebensmitteln, Getreide war nur in geringen Quantitäten zu haben „ex naviculis, quae veniunt ex partibus Romaniae (d. i. von der kleinasiatischen Küste), ut sale onustae recedant"; die Umwohner waren in Folge der Berührung mit Barbaren verwildert, die Städter selbst waren zu geringstem Theile Alteinheimische, alle benachbarten Länder und Provinzen stellten das Contingent zu ihnen. — Nicht minder denkwürdig und folgenreich war die Verbannung einer kaiserlichen Person, Justinianus II. (685—695), welchen der Führer der orientalischen Truppen Leontios vom Throne gestossen und den der Stadtpöbel des Schmuckes der Nase beraubt hatte (daher sein Beiname ῥινότμητος), nach Cherson.

Hier sammelte sich der Exkaiser einen Anhang und machte Anschläge zu seiner Restauration; die vorsichtigen Bürger suchten sich seiner zu entledigen; er machte sich bei Zeiten davon und begab sich mit der Absicht, den Chaghan der Chazaren für seine Zwecke zu gewinnen, εἰς τὸ φρούριον τὸ λεγόμενον Δόρος, πρὸς τῇ Γοτθικῇ κείμενον χώρᾳ (Nikephoros p. 46 zum Jahre 698). Hier haben wir ein neues Zeugniss für den Hauptsitz der taurischen Goten; während Prokopios nur von einer χώρα dieses Namens gesprochen, finden wir hier das Attribut φρούριον. Ein anderes, fast gleichzeitiges Zeugniss bietet das Concilium in Trullo, an welchem sich zufolge der Unterschriften Γεώργιος ἐπίσκοπος Χερσῶνος τῆς Δώραντος betheiligte. Hier ist zwischen Χερσῶνος und τῆς Δώραντος vielleicht καὶ ausgefallen oder es hat, da Cherson und das gotische Daurons zwei verschiedene Bischofsitze waren, τῆς Δώραντος zu einem anderen, verloren gegangenen Eigennamen gehört. Aus den byzantinischen Annalen entnehmen wir, dass zu Beginn des siebenten Jahrhundertes ganz Taurien unter der Oberherrlichkeit des Chaghan's der Chazaren stand. In Cherson, der alten Freistadt, sass ein chazarischer Statthalter oder Commandant, genannt Τουδοῦνος, ὁ ἄρχων Χερσῶνος ὡς ἐκ προσώπου χαγάνου ὤν (Theophanes p. 578); vgl. Etym. M. p. 763: τουδουναι· οἱ τοποτηρηταὶ παρὰ Τούρκοις. Diese Würde finden wir nicht nur bei den Chazaren, sondern auch bei den Awaren (Eginhard a. 795. 811) und den Türken im Altaï und im Zweistromland; zu Grunde liegt türk. *tut* čuw. *tyt* „halten, erfassen, schützen", vgl. čuw. *tydan* (aus *tydagan*) „soderžatelь" bei Zolotnicki p. 88. Dabei hatte Cherson seine municipale Verwaltung behalten, die administrative und executive Gewalt blieb nach wie vor in den Händen der πρωτοπολῖται und der πρωτεύοντες. So war damals Ζωΐλος ὁ ἐκ σειρᾶς καὶ γένους πρωτοπολίτης (vgl. aus der römischen Kaiserzeit die στεφανηφοροῦντες καὶ πρωτεύοντες τῆς Χερσωνιτῶν πόλεως καὶ χώρας bei Const. Porphyrog. de adm. imp. cap. LIII; und weiter unten zum Jahre 833), und ausserdem ist von ἐμφανεῖς καὶ πρωτεύοντες τῆς Χερσῶνος die Rede. Ebenso hatte wohl auch das gotische Δόρος (Theophan. p. 571 Δάρας, richtiger wohl Δώρας) neben dem nationalen Stammeshaupte seinen chazarischen Tudun, so wie alle Kastelle an der taurischen Küste.

Der Chaghan gab dem Praetendenten seine eigene Schwester, nachmals als Kaiserin Theodora genannt, zur Frau; als Wohnsitz wies er ihm die Judenstadt Phanagoria an. Als aber der byzantinische Kaiser Apsimaros ernstlich in den Chaghan drang, seinen Schützling ihm aufzuopfern, gab der Türke dem Tudun von Phanagoria (ὁ Παπάτζης ὁ ἐκ τοῦ προσώπου αὐτοῦ ὤν) und dem von Bosporos (Βαλγίτζης ὁ ἄρχων Βοσφόρου) den Auftrag, Justinian zu beseitigen. Diesem gelang es jedoch, beide zu bewältigen und heimlich zu entfliehen; am Ausgange (εἰς στόμιον) der kimmerischen Meerenge bestieg er einen Nachen, segelte bei dem Flecken des Asandros (τὴν Ἄσαδα Theoph., *Asandi* d. i. Ἀσάνδρου beim G. Rav. IV, 3 neben Κύτα und Νύμφαιον) vorbei und gelangte nach dem Hafen Symbolos (j. Balakláwa); hier vereinigten sich mit ihm seine Anhänger aus Cherson, Stephanos Asmiktos, Moropaulos, Theophilos, die Gebrüder Varaz-bakur und Šalwan (Armenier) und andere, welche dort im Exile lebten; ihr Ziel war Varna und Donau-Bulgarien. Mit Hilfe des Bulgaren-Chaghan's *Täräbäl* nahm Justinianus vom Throne wieder Besitz (705—714).

Der restaurirte Kaiser schwur den Chersoniten und allen, welche ihn hatten beseitigen wollen, blutige Rache; ausserdem handelte es sich um Beseitigung der chazarischen Macht und Einsetzung der staatlichen Autorität in Cherson und in den Klimaten. Eine Flotte unter dem Commando des Stephanos Asmiktos mit 100.000 Leuten lief aus; Cherson wurde eingenommen (710), der Tudun, der Bürgermeister Zoïlos mit vierzig Stadtvätern verfielen langsamen Folterqualen, auch die Leute in den Landbezirken und Kastellen (οἱ τῶν λοιπῶν κλιμάτων, οἱ τῶν κάστρων) wurden hart mitgenommen. Auf dem Rückwege scheiterte die Flotte und 73.000 Mann giengen zu Grunde. Eine zweite Expedition wurde ausgeschickt; sie fand Alles im Aufstande begriffen, auch die Tudune und Häupter der (gotischen?) Bezirke (οἱ τῶν χωρῶν ἄρχοντες) bereiteten Widerstand; in Cherson wurden (711) die von Justinianus eingesetzten Amtspersonen getödtet und ein Gegenkaiser in der Person des daselbst im Exil lebenden Armeniers Vardan ausgerufen. Eine dritte, viel stärkere Flottenexpedition unter dem Patricius Mauros sollte die widerspänstige Stadt züchtigen; die Truppen hatten bereits einige Bollwerke Cherson's in ihre Gewalt gebracht (τὸν Κεντηναρήσιον πύργον καὶ τὸν πλησίον αὐτοῦ Σύαγρον καλούμενον) — da erschien der Chazaren-Chaghan, der Alliirte Vardan's, mit seinen taurischen Hilfsvölkern und zwang wahrscheinlich das kaiserliche Heer zum Abzuge. Leider sind die Berichte über diese entlegenen Gegenden sehr mangelhaft. Gleichwohl scheint in Cherson der romäische Einfluss später wieder hergestellt worden zu sein und selbst der Ruf als Verbannungsort verblieb der Stadt; so wurde z. B. unter Leo dem Chazaren (776) der Caesar Nikephoros mit seinem Anhange verbannt εἰς Χερσῶνος τὰ κλίματα (Theoph. p. 697; Anastasius „penes Chersonis climata"). Die Chazaren standen damals auf dem Höhepunkte ihrer Macht; aber ihre Thätigkeit rieb sich in den unaufhörlichen Kämpfen mit den Arabern auf, und alle Interessen riethen an, sich zu dem Romäerreich auf guten Fuss zu stellen; der Besitz einer Handelsstadt, deren Lebensnerv in dem friedlichen Verkehre mit den Emporien der kleinasiatischen Küste gelegen war, war für sie von geringer Bedeutung. Schon unter Leo dem Isaurer (716—741) wurde die Allianz geschlossen; der Kaiser vermählte (732) zur Festigung des Bundes seinen Sohn Constantinus mit der Tochter des Chazaren-Chaghan's, welche in der Taufe den Namen Eirene erhielt.

Einen Einblick in die Verhältnisse Taurien's gewinnen wir unter Constantinus VI. (780—797), dem Nachfolger Leo's des Chazaren. Damals war im ganzen byzantinischen Reiche der Bildersturm entbrannt, und die kirchliche Frage beschäftigte alle Gemüther. Wir erfahren (vita S. Stephani die XXVIII. Nov., bei Surius), dass die Pontusländer, die bischöflichen Sitze τῆς Χερσῶνος καὶ Γοτθίας, Βοσπόρου καὶ Ζυχίας καὶ Νικόψεως, sich an der eikonoklastischen Bewegung nicht betheiligt haben. Unter den Goten wirkte damals Bischof Joannes, dessen Leben wir aus einem sehr zuverlässigen, ziemlich gleichzeitigen Berichte genauer kennen (Acta SS. Junii die XXVI., tom. V. p. 184—194). Seine Familie stammte von der kleinasiatischen Küste; sein Grossvater war gebürtig ἐκ τοῦ Βωνὸς τοῦ κατὰ τὸ Πολεμώνιον κειμένου Πόντου (vgl. Βοών, acc. Βοῶνα, Peripl. anon. § 32, la *Vona* der italienischen Seekarten, j. *Vona* bei *Jazūn*), die Eltern siedelten nach Taurien über, er selbst war geboren in dem ἐμπόριον Παρθενιτῶν τῆς τῶν Ταυροσκυθῶν γῆς τῆς ὑπὸ τὴν χώραν τῶν Γότθων τελούσης (j. Parthenít). Unter Constantinus V. (741—775) hatte der Gotenbischof an der vom Kaiser berufenen bilderfeindlichen Synode (754) theilgenommen und war vom Kaiser zum Lohne für seine Haltung zum Metropoliten des thrakischen Herakleia ernannt worden; dadurch war der bischöfliche Stuhl bei den Goten erledigt; ὅθεν οἱ τῆς Γοτθίας ὀρθόδοξοι, μὴ κοινωνοῦντες τῇ κενοτομίᾳ τῆς ἀθέσμου συνόδου, τοῦτον τὸν ὅσιον Ἰωάννην εἰς ποιμένα προεβάλλοντο. Bevor Joannes die Würde antrat, unternahm er eine dreijährige Pilgerfahrt nach Jerusalem und begab sich hierauf auf Wunsch seines Volkes nach *Mtschétha* in Iberien πρὸς τὸν καθολικὸν θρόνον, und wurde da von dem Katholikós *Joané* zum Bischof über das Volk *Guth* geweiht

(Histoire de la Géorgie, p. Brosset, 1 p. 230, anachronistisch eingereiht). Als Gotenbischof vertheidigte er die alten Dogmen, so unter Constantinus VI. auf dem zweiten Concil von Nikaia (786/87), wo er sich durch den Mönch Kyrillos vertreten liess; vgl. die Subscription in den Acten: Κύριλλος μοναχὸς καὶ ἐκ προσώπου Ἰωάννου ἐπισκόπου Γότθων. An demselben Concil nahm auch Theil Στέφανος ἐπίσκοπος πόλεως Σουγδαίων. Warum Joannes nicht persönlich erschien, hat darin seinen Grund, dass damals zwischen Goten und Chazaren wieder Streitigkeiten ausgebrochen waren, welche einen Aufstand des Gotenherzogs zur Folge hatten; es heisst, dass (786) ὁ κύριος Γοτθίας καὶ οἱ ἄρχοντες αὐτοῦ καὶ πᾶς ὁ λαός sich erhoben hätten πρὸς τὸ μὴ κατακυριοῦσαι τῆς χώρας αὐτῶν τοὺς Χαζάρους, und dass auch der Gotenbischof mit seiner Autorität für diese Bewegung eingetreten sei. Die Goten standen also damals nicht mehr, wie zu Justinian's Zeiten, unter Vierfürsten, sondern unter einem κύριος (ἐθνάρχης, τοπάρχης); an seiner Seite stehen die Adeligen (οἱ ἄρχοντες), und diesen gehorcht das Volk (ὁ λαός). Der Chazaren-Chaghan schickte seine Tudune aus, und diese brachten das Hauptbollwerk der Goten, τὸ κάστρον αὐτῶν τὸ λεγόμενον Δορός, in ihre Gewalt und nahmen den Gotenherzog gefangen. Bischof Joannes sammelte die Goten von neuem, vertrieb die Chazaren aus Daurons und besetzte die Bergengen (τὰς κλεισούρας). Doch das Glück wandte sich zu Ungunsten der Christen, Joannes wurde (787) gefangen und mit seiner Schaar den Tudunen ausgeliefert. Der Chaghan setzte den Bischof ἐν τῇ φυλακῇ τῶν Φούλων in Haft; hier soll dieser das sterbenskranke Kind des chazarischen Commandanten (ὁ κύριος τῶν Φούλων) geheilt haben; bald darauf gelang es ihm, zu entweichen und nach Amastris überzuschiffen. Der Chaghan liess einige Dienstmannen des Gotenherzogs tödten, diesem selbst aber (τῷ κυρίῳ τῆς Γοτθίας) schenkte er auf Fürbitte der Goten das Leben, vielleicht beliess er ihm sogar die Würde; auch begnadigte er die Schüler des Joannes mit dem Bedeuten, sie hätten keine Schuld an der Flucht. Später wurde der Leib des verstorbenen Joannes aus Amastris εἰς τὸ μοναστήριον αὐτοῦ τὸ ἐπονομαζόμενον τῶν ἁγίων ἀποστόλων εἰς Παρθενίτας gebracht und dort beigesetzt. Die Goten bewahrten das Andenken ihres geistlichen Vorkämpfers allezeit; vielleicht ist nach ihm die schöngelegene Ortschaft Aï-Ján am Nordabhang des Čatir-dagh benannt. — Im folgenden Jahrzehnt hatten die Eikonodulen noch immer Verfolgungen zu erdulden; ihr beredtester Verfechter, der Hieromonachos Theodoros

Studiotes, beklagt sich bitter über die Unbilden, welche z. B. ἐν Χερσῶνι der Bischof Λέων ὁ Βαλελάδης zu erleiden hatte, über das Exil des Λητόϊος ἐν Χερσῶνι (Sirmondi opera V. p. 270 A); mit Genugthuung hebt er den Eifer hervor, mit welchem nicht nur οἱ ἐν τοῖς κλίμασι τῆς κατὰ Χερσῶνα καὶ Βόσπορον παροικίας ἐπίσκοποι καὶ πρεσβύτεροι, sondern auch die weltlichen Häupter, ὁ τῆς Γοτθίας und ὁ τῆς Βοσπόρου τοπάρχης (A. Mai, Nova patrum bibl. VI. p. 307 sq.; bei Sirmondi einfach ὁ Βόσπορος, ὁ Γότθος, οἱ λοιποὶ τῶν ἐπαρχιῶν ἡγεμόνες) die gute Sache verfochten. Wir gewinnen bei dieser Gelegenheit ein neues Zeugniss für die Existenz eines Gotenherrn (ὁ τῆς Γοτθίας τοπάρχης) in der chazarischen Epoche um das Jahr 795. Der Toparch in Bosporos, gleichfalls ein Schützer der Orthodoxie, scheint ein christlicher Chazare gewesen zu sein. Dass chazarische Häupter dem Christenthum huldigten, ist nichts Unerwartetes; auch jener δοῦλος τοῦ θεοῦ Τάγμαν auf einer Inschrift des Jahres 819 in Kaffa (C. 1. Gr. Nr. 9286 Köppen Krymskii sbornik p. 70) war sicherlich chazarischer Abkunft; Τάγμα, ἀξίωμα ταρχάν, ein türkischer Abgesandter (Menandros a. 569). Von einem chazarischen Tarchan oder „Freiherrn", Namens *Tagman* oder *Taman*, möchten wir auch den Namen der Stadt Ταμάταρχα (auch τὰ Μάτραχα, Matrica, russ. Tьmutorokan genannt, j. Tamán), des griechischen Φαναγόρεια, ableiten.

Die Chazaren waren überhaupt ein bildungsfähiges Volk, welches Einrichtungen aus allen Culturgebieten gerne aufnahm. In religiöser Beziehung zeigten sie sich sehr tolerant, man könnte auch sagen, indifferent; ihre Unterthanen konnten jedweden Glauben ungehindert ausüben; unter ihnen selbst gab es ausser Leuten, welche den altttürkischen Naturglauben in hergebrachter Weise bewahrten und die ihre eigenen Schamanen *(abyš* oder *qam* genannt) besassen, Juden, Christen und Moslems in grosser Zahl. Während in romäischen Landen die Juden überall verfolgt wurden, erfreuten sie sich bei den Chazaren nicht nur gleicher Rechte, sondern der Chagan selbst und die höchsten Würdenträger hatten jüdischen Glauben. Von den „türkischen" Chazaren könnte also noch mancher europäische Staat der Gegenwart Gerechtigkeit lernen. Die karaïtischen Juden Russland's stammen grösstentheils aus der chazarischen Epoche her. Im kimmerischen Bosporos ist das Vorkommen der Juden für das erste christliche Jahrhundert gut bezeugt; in Pantikapaion existirte unter Titus (a. 81) eine συναγωγὴ τῶν Ἰουδαίων (C. I. Gr. Nr. 2114[b]; 2114[bb] p. 1005). In der bulgarischen und chazarischen

Epoche war namentlich Phanagoria oder Tamatarcha ein Hauptsitz der Juden; aber auch in Taurien bildeten neben den griechischen und gotischen Christen eingewanderte Juden ein bemerkenswerthes Volkselement. — Dogmatische Dispute waren bei den Chazaren sehr beliebt; die Lehren Mosis, Christi und Mohammed's stritten sich da um den Vorrang. So wie wir viel später noch hören, dass chazarische Juden dem Russenfürsten Wladimēr ihren Glauben anpriesen und bei den Russen Proselyten zu gewinnen suchten, so hören wir auch von Missionen griechischer Priester nach Chazarien. Unter dem Kaiser Michaël III. (856—867), bald nach dem Uebertritte des Bulgaren-Chaghan's *Boghor* zum Christenthume (859), wurde der Mönch Constantinus, welcher in dem neugestifteten bulgarischen Bisthum an der *Bregálnica* die Psalmen in das Slovenische übertragen hatte, mit der Mission betraut, unter den Chazaren das Christenthum zu predigen und die christlichen Gefangenen loszukaufen. In Cherson angekommen, lernte der Sendbote, um für die bevorstehenden Disputationen gerüstet zu sein, die Schriftwerke der samaritanischen Juden. Ein schwaches Streiflicht scheint bei dieser Gelegenheit auch auf das gotische Territorium zu fallen. In dem taurischen Orte Φοῦλα (wъ *Fulъscē jezycē* Vita S. Const. cap. XII) machte der fromme Mann einem alten heidnischen Culte ein Ende; die männlichen Einwohner verehrten da eine hohe Eiche, welche mit einem Kirschbaum zusammengewachsen war, als Symbol der Stärke und Zeugungskraft, und opferten ihr mit Ausschluss der Weiber unter dem Namen Alexandros („Männerschutz"); auf Betrieb Constantin's wurde die Eiche umgehauen und verbrannt. In ähnlicher Weise hatte der hl. Hyakinthos zu Amastra eine riesige Ulme, welche die Paphlagonen verehrten, umhauen lassen (Acta SS. Iul. die XVII., tom. IV p. 223); des hl. Bonifacius That in deutschen Gauen kennt jedermann. Auch von den Abasgen berichtet Prokopios, dass sie Bäumen heilige Verehrung erwiesen hätten; dasselbe war auch bei den Taurern der Fall — die üppige Entwicklung der Bäume auf der Südspitze der Halbinsel bot dazu Anlass. Pallas traf bei Urkusta im Thale Baï-dár einen ungeheuren Wallnussbaum; auf dem Hügel Fūl und an der Quelle Aïa (ἁγία) bei dem heutigen Liwadiá, wo wir das alte Φοῦλλα suchen, gab es Terpentinbäume mit dickem Stamm, starke Erdbeerbäume, Buchen und Eichen, Kirschbäume und riesige Feigenbäume. Gleich den schwedischen Rōs, welche auf der S. Gregorios-Insel einer grossen Eiche Opfer darbrachten, mögen auch die Goten starken Bäumen Verehrung erwiesen haben. Noch im Jahre 1760 berichtet der Jesuit Mondorf aus Wien an Büsching (vgl. B.⁸ Neue Erdkunde, 6. A. Hamburg 1770, Theil 1, 2, S. 1654), an der Küste des schwarzen Meeres wohne ein Volk, ohne besonderen Namen, dessen Sprache der deutschen verwandt sei; er selbst habe einen Rudersclaven dieser Nation, den er auf einer türkischen Galeere angetroffen, getauft und von demselben erfahren, dass ihr ganzer Gottesdienst in der Verehrung eines alten Baumes bestehe. Mondorf's Nachricht, merkwürdig ob der Neuheit ihres Datums, erhält durch diesen Beisatz eine gewisse Beglaubigung. — Weiters berichtet die slawische Urkunde, ein chazarischer Tudun (Kozarьskyi woëwoda) mit seinen Bewaffneten habe eine von Christen bewohnte Ortschaft belagert und eingenommen; wir erinnern uns an die Kämpfe der Goten mit den Chazaren und können annehmen, dass diese Christen gotischer Abkunft waren. — Auf der Landreise durch Schaaren von Ungarn beunruhigt, „welche wie Wölfe heulten", setzte er seinen Weg nach Itil und zu den kaspischen Pforten fort; oft war Mangel an Trinkwasser, nur Pfützen waren zu sehen.

In derselben Legende des hl. Constantinus (cap. XVI) findet sich auch der Gotenname genannt; „ausser Aegyptern, Arabern, Syrern, Persern, Armeniern, Iberern und Abasgen rufen, heisst es da, auch die *Sugьdi* (d. h. die Alanen von Σουγδαία; vgl. G. Rav. IV., 5 patria Sugdabon), *Gotьthi*, *Kozari* (Χάζαροι), *Obri* (die Reste der Awaren in Gross-Mähren; vgl. Tuttundus dux et plebs Hunniae, in der bekanntlich unechten Urkunde des P. Eugenius II. 824—827 Mansi XIV, 412) und *Turьsi* (vielleicht ʿΡούσιοι; oder die Torьci des Nestor?) Gott in ihrer eigenen Sprache an. Hier sind offenbar die taurischen Goten gemeint. Noch im 17. Jahrhundert bemerkt Jos. Just. Scaliger in seiner Abhandlung Isagogicorum canonum libri III (Thesaurus temp., Amstelod. 1658, p. 347): etiamnunc in iisdem regionibus (Goti) degunt sub Praecopensi Tatarorum dynasta et utrumque testamentum iisdem literis, quas excogitavit Vulfila, conscriptum et eadem lingua, qua tempore Ovidii utebantur (!), interpretatum legunt. Doch ist auf diese Notiz nicht viel zu geben; in ihr verquicken sich ganz unkritisch die Nachrichten Busbeck's, die Kunde von der Existenz der Bibelübersetzung Vulfila's, und vielleicht noch eine gleichfalls mit Vorsicht aufzunehmende Stelle, die wir bei dem Mönche Walafridus Strabo († 849) de rebus eccl. 7 finden: „Goti divinos libros in suae locutionis proprietatem transtulerunt, quorum adhuc monumenta apud nonnullos habentur; et fidelium fratrum relatione didicimus, apud quasdam Scytharum gentes, maxime *Tomitanos*, eadem locutione divina *hactenus* recitari officia." Sollte hier eine Kunde von den Goten Taurien's vorliegen? Wenn hier Tomi genannt wird, so ist zu bedenken, dass diese Stadt, deren alter Name noch unter Maurikiós (c. a. 600) bezeugt erscheint, nachmals Κωνσταντεία (j. Köstendže) genannt wurde; unter Kaiser Joannes Tzimiskes (a. 970) begegnet uns Κωνσταντεία unter den Städten und Vesten des Donaugebietes, welche sich anfangs dem Russenherzog Swjatoslaw ergeben hatten, dann aber wieder unter die Obmacht des Kaisers gelangten (Zonaras XVII, 2 Skylitzes p. 401, 412). Auch ist es unglaublich, dass sich unter den slowenischen Stämmen bis in die bulgarische Epoche hinein Goten, Nachkommen der Goti minores (Zeuss S. 429), mit eigener Sprache und nationalem Ritus sollten erhalten haben. Moesogoten werden zum letztenmal bezeugt unter dem orthodoxen General Vitalianus, welcher in seinem Heere ausser Hunnobulgaren auch Goten hatte (a. 513, Malala p. 405); aus den Suggestiones Dioscori diaconi an P. Hormisdas (a. 519, 520) entnehmen wir die Thatsache, dass in dem Sprengel des Bischofs von Tomi (Paternus Tomitanae civitatis antistes) mehrere „skythische" Mönche, „contemptores auctoritatis veterum, solam putantes *scientiae* rectam viam", namentlich im Punkte der „trinitas crucifixum" arianischen Lehrmeinungen huldigten; diese Mönche mögen trotz ihrer griechischen Namen der gotischen Nation angehört haben. Von Moesogoten ist aber in späteren Jahrhunderten nicht mehr die Rede. Vielleicht liegt hier eine Verwechslung der Goten mit den bulgarischen Slowenen, der gotischen Buchstaben und Schriftwerke mit der glagolitischen Schrift und der altslowenischen Bibelübersetzung vor. Solche Verwechslungen finden wir einigemal in den abendländischen Berichten; sagt doch auch Thomas archidiac. Spalat. „goticas litteras a quodam Methodio haeretico fuisse repertas" und meint damit die Glagolica. — Kleinasiatische Goten werden sporadisch bis in den Anfang des neunten Jahrhunderts erwähnt. Unsicher bleibt zwar der Bezug auf die Goten bei χώρα τῶν καλουμένων *Δαγοτθηνῶν* (Const. Porphyr. de them. I, 4), da bereits Ptolem. V 2, 14 in Mysien einen Ort *Δάγουτα* kennt (vgl. τά Λίβα ἐν τῇ Δαγούτῃ Synaxar. gr. XII. Jun.); aber Γοτθογραῖκοι, gräcisirte Goten im Thema Obsequium, finden wir (a. 713) bei

Theophanes p. 591, 592. Auch müssen wir mit Kunik (O gotsk. top. p. 132) die Γέται, welche sich im Heere des Rebellen Thomas (a. 822) finden, für mysische Goten halten, so wie die Βάνδηλοι für die im Jahre 535 nach Galatien verpflanzten Schaaren des Vandilerkönigs Geilamêr; überhaupt ist die Reihe der Hilfsvölker, welche Thomas unter seine Fahnen aufrief, von Interesse; er zog (Genesios p. 33) gegen Michaël II. μετ' Ἀγαρηνῶν (Araber) Ἰνδῶν (aus ʿOmān und Hormōz) Αἰγυπτίων Ἀσσυρίων Μήδων (aus Atarpatakan) Ἀβάσγων Ζηχῶν (Čerkessen) Ἰβήρων (Georgier) Καβείρων (cod. Gen. Σαβήρων, aus Šabirān) Σκλάβων (aus Bithynien vom Flusse Artanas, Theophan. p. 667 a. 762) Οὔννων (die bulgarischen Wanant oder Unundur aus dem Gebiete von Kars) Βανδήλων Γετῶν καὶ ὅσοι τῆς Μάνεντος βδελυρίας μετεῖχον, Λαζῶν [τε καὶ Ἀλανῶν Χάλδων καὶ ἑτέρων παντοίων ἐθνῶν. Κάβειροι finden sich auch bei Skylitzes p. 559 (a. 1048) und 575; kann an die chazarischen Κάβαροι gedacht werden?

IV.

Im neunten Jahrhundert tauchen im Norden zwei neue Volks-
elemente auf, ein türkisches und ein germanisches. Es sind einerseits
die ost-türkischen Nomadenhorden der Päčänjäg (arab. *Badĕnak*,
georg. *Pačanig*, magy. *Becsenyö*, lat. *Bisseni* od. *Bessi*, byz.
Πατζινακῖται, bei Luitprand *Pizenaci*), welche bisher im Rücken
der Chazaren in dem alten Gebiete der südlichen Ugrier, das jetzt
die Baškiren einnehmen, verweilt hatten und die seit 830, durch
die Uzen oder *Ghozz* gedrängt, auf die Chazaren und die denselben
unterworfenen Stämme immer mächtigeren Druck auszuüben
begannen, bis es ihnen endlich um 890 gelang, sich des Gebietes
zwischen Dnēper und Särät, das die Magyaren lange Zeit inne
gehabt, dauernd zu bemächtigen. Anderseits die nordmannischen
Rōs (byz. οἱ ῾Ρώς), Seefahrer von der dem finnischen Meerbusen
gegenüber liegenden schwedischen Küste, welche in immer dichteren
Schaaren zuerst die Ufer der Newa, des Ladoga-See's und des
Bēlo-jezero besiedelten und, von da allmälig weiter südwärts über
den Ilmen- und Seliger-See zu den Quellen des Dnēper und der
Wolga vordringend, in wiederholten Raubzügen die Lande der
Finnen und Slowenen heimsuchten, bis sie endlich, den Fährten
der alten Goten folgend, auf der Flussstrasse des Dnēper die
pontischen Gestade erreichten, wo sie in der „Rennbahn des
Achilles" eine geeignete Haltstation für weitere Raubzüge fanden (daher
ihr byzantinischer Name ᾽Αχιλλεοδρομῖται oder kurz Δρομῖται, Kunik in
Dorn's Caspia S. 400, auch Ταυροσκύθαι; vgl. Steph. Byz. Τυρμένιοι
statt Νυρμένιοι?). Allerdings waren diese nordisch-germanischen
Recken für die altansässigen finnischen und slowenischen Stämme,
welche zur Tributleistung gezwungen wurden, anfangs eine harte
Plage; aber es kam zugleich in diese Naturvölker, welche gewohnt
waren, entweder die Erdscholle in Frieden zu bearbeiten oder die
Schätze der Wälder und Seen auszubeuten, neues Leben, frische

Heldenkraft; der nordische Adel mit seinem Gefolge begründete allenthalben neue Staatswesen, die sich schliesslich zu einem grossen Reiche vereinigten, das hinreichende Kraft besass, sich der immer mächtiger andringenden Völkerfluth türkischer Horden zu erwehren. Allerdings hat schon im Laufe zweier Jahrhunderte das fruchtbare Volksthum der Slawen, welche den Namen Ros oder Rus annahmen, den undicht verstreuten nordmannischen Samen gänzlich überwuchert; aber in dem russischen Staate, der allmälig alle finnischen Jäger- und Ackerbaustämme sowie alle eingedrungenen türkischen Nomadenhorden in sich aufgenommen, ist noch lange darnach der germanische Staatsgedanke, die altnordische Wehrkraft, der Handelsgeist und Expansionstrieb der Nordmannen lebendig und wirksam geblieben. Ausführliches über die russischen Verhältnisse der älteren Zeit findet der Leser in den gelehrten Arbeiten Kunik's; eine kurze Zusammenfassung bieten Thomsen's Vorlesungen über den Ursprung des russischen Staates (Gotha 1879). Wir beschränken unseren Umblick auf das enge Gebiet Taurien's und verfolgen die schwachen Spuren, die von dem Dasein der Goten übrig geblieben.

Unter Kaiser Theophilos (829—842), im Jahre 833, also kurz vor dem ersten historisch bezeugten Auftauchen der Rōs, wurde auf Bitten des Chaghan's und des Bēg's der Chazaren Petronas nach dem Don abgeschickt, um daselbst mit Hilfe byzantinischer Werkmeister eine starke Veste, welche die Chazaren Σάρκελ oder „weisse Burg" (türk. saryq oder sary „weiss" und qäl, qïl „Burg", arab. qalâa, russ. Bela-weža) nannten, anzulegen; es sollte diese Anlage zur Schutzwehr gegen die räuberischen Pečenegenhorden dienen. Der kaiserliche Abgesandte, welcher mit mehreren Chelandien in Cherson einlief, scheint in dieser auf ihre Privilegien eifersüchtigen Handelsstadt entweder nicht mit dem erwarteten Respecte aufgenommen worden zu sein, oder es mochten schwer wiegende politische Rücksichten den Gedanken eingegeben haben, kurzum, als Petronas dem Kaiser über seine Mission Bericht erstattete, regte er in ihm den Entschluss wach, der Selbständigkeit der Freistadt und ihres Gebietes ein Ende zu machen, so wie es Justinus I. mit Bosporos gethan. Nicht mehr sollten die ἄρχοντές τε καὶ πρωτεύοντες daselbst das Regiment führen, sondern ein kaiserlicher Commandant, ὁ στρατηγὸς Χερσῶνος, welchem der Bürgermeister (ὁ πρωτεύων) und die Stadtväter (οἱ πατέρες τῆς πόλεως) bescheiden untergeordnet wurden. So hoffte der Kaiser seine Auctorität zu verstärken und an den skythischen Gestaden ein Bollwerk byzantinischer Macht gegen die Barbaren zu gewinnen. Es lässt sich denken, dass die Bürger der Stadt das Andenken an ihre vormalige Autonomie nicht so bald vergassen. Von einem Aufstande der Chersoniten gegen den kaiserlichen Commandanten hören wir im Jahre 892; damals erschlugen οἱ τῆς Χερσῶνος οἰκήτορες τὸν αὐτῶν στρατηγὸν Συμεὼν τὸν 'τοῦ 'Ιωνᾶ. Doch wurde die staatliche Auctorität bald wiederhergestellt. Der Kaiser Constantinus Porphyrogenitus verzeichnet in seinen um 950 abgefassten Schriftwerken unter den Themen des Occidents Χερσών als das zwölfte und führt in der Liste der Commandanten (de caerim. p. 697) den στρατηγὸς Χερσῶνος an Die municipale Würde des πρωτεύων finden wir noch zum Jahre 967 bezeugt; Καλόκυρος, den Kaiser Nikephoros Phokas an Swjatoslaw abschickte, um ihn zu einem Einfalle nach Bulgarien zu bewegen, wird da genannt Sohn eines πρωτεύων τῆς Χερσῶνος.

Um die Mitte des zehnten Jahrhunderts sind im Steppengebiete Taurien's und am Unterlaufe des Dnēper die Pečenegen das herrschende Volk. Constantinus Porphyrog. de adm. imp. cap. 1 sagt ausdrücklich: γειτνιάζει τὸ ἔθνος τῶν Πατζινακιτῶν τῷ μέρει τῆς Χερσῶνος καὶ, εἰ μὴ φιλίως ἔχουσι πρὸς ἡμᾶς, δύνανται κατὰ τῆς Χερσῶνος ἐξέρχεσθαι καὶ κουρσεύειν καὶ ληΐζεσθαι αὐτήν τε τὴν Χερσῶνα καὶ τὰ λεγόμενα κλίματα. Namentlich waren es, wie aus cap. VI und XXXVII erhellt, die östlichen Horden der Kangar-Pečenegen, *Čur Kulpī Talmát* und *Čopán*, welche an die Gebiete von Bosporos und Cherson angrenzten und zeitweilig die Binnensteppen Taurien's inne hatten. Daher die lebhaften Beziehungen zu diesen Handelsstädten; die Pečenegen besorgten um Sold den Tauschhandel für die Chersoniten und zogen εἰς τε τὴν ʿΡωσίαν καὶ Χαζαρίαν καὶ τὴν Ζιχίαν καὶ εἰς πάντα τὰ ἐκεῖθεν μέρη. Ebenso lesen wir cap. XXXII: ἡ Πατζινακία πᾶσαν τὴν γῆν τῆς τε ʿΡωσίας καὶ Βοσπόρου κατακρατεῖ καὶ μέχρι Χερσῶνος. Mitten zwischen dem Dnēperlimán und der Stadt Cherson sind (p. 180) λίμναι· καὶ λιμένες, ἐν αἷς Χερσωνῖται ἅλας ἐργάζονται (daher auf den italienischen Seekarten die Station Saline, j. Tuzla und Saline de Crichiniri bei Calolimena). Zwischen den Gebieten von Cherson und von Bosporos an der Bergseite sind τὰ κάστρα τῶν κλιμάτων in einer Strecke von 300 Milien. Ueber die Gräben an der schmalsten Stelle der Halbinsel (j. Perekop, türk. *Or* d. i. „Graben") führen nur zwei Uebergänge, ἐν αἷς οἱ Πατζινακῖται διέρχονται πρός τε Χερσῶνα καὶ Βόσπορον καὶ τὰ κλίματα. Mit den pečenegischen Hordenführern trachteten die byzantinischen Kaiser und die Chersoniten nach Möglichkeit gütlich auszukommen; ein gleiches Streben bezeigen selbst die stürmischen Normannen: οἱ ῾Ρῶς διὰ σπουδῆς ἔχουσιν εἰρήνην ἔχειν μετὰ τῶν Πατζινακιτῶν. Meist jedoch mussten sie sich die Durchfahrt nach der Dnēpermündung gewaltsam schaffen.

Von den Chazaren ist auf der taurischen Halbinsel auffallend wenig die Rede. Ihre Hauptmacht war an der unteren Wolga und an der Nordseite des Kaukasus concentrirt; hier lagen τὰ ἐννέα κλίματα τῆς Χαζαρίας (cap. X). Jedoch bemerkt der kaiserliche Schriftsteller (cap. XI), dass es den Chazaren noch immer möglich sei μετὰ φοσσάτου ἐπιτίθεσθαι τῇ Χερσῶνι καὶ τοῖς κλίμασιν und dass diese Einfälle verhindert werden könnten, wenn die Alanen zu Byzanz hielten und die Chazaren im Rücken beschäftigten. Wahrscheinlich hatten die Chazaren in der östlichen Hälfte der Halbinsel einige kleinere Dependenzen, namentlich bei Eski-Krym oder Solqat, welchen Ort die Armenier noch in spätester Zeit *Kazarat* benannten (Köppen S. 344), sowie bei Kaffa, dessen Gebiet durch das ganze Mittelalter hindurch zu Gazaria gerechnet wurde. Diese Dependenzen haben die Chazaren, wie es scheint, erst im Jahre 1016 verloren; darüber später. Zwar behauptet der Chazaren-Chaghan Josef in seinem vom Jahre 963 datirten Briefe, dass alle Castelle an der taurischen Küste, so wie *Kut* d. i. *Γοτθία*, seinem Reiche angehören; wahrscheinlich hat jedoch der Chaghan seine alten Rechtsansprüche mit dem gewiss sehr eingeschränkten factischen Besitz vermengt. Auch kann der Wortlaut dieses Briefes nicht in *allen* Theilen echt sein; eine Urkunde, worin *Mankup* oder *Mankut* erwähnt wird, kann nicht dem zehnten Jahrhundert angehören; wahrscheinlich hat der alte echte Kern, der manche seltene Nachricht bietet, durch einen spanischen oder alexandrinischen Juden, welcher mit Genuesen verkehrt hatte, Zuthaten erhalten. — Ausser den Chazaren mögen auch noch die „schwarzen Bulgaren" (Černii Bolgare, Nestor p. 28 M. vgl. ἡ μαύρη Βουλγαρία bei Const.) von der mittleren Wolga her vereinzelte Einfälle in das Gebiet von Cherson unternommen haben.

Auch die normannischen Rōs waren in Taurien keine Neulinge; von der „Rennbahn des Achilles" aus haben sie sich an verschiedenen Punkten der taurischen Küste festgesetzt und mögen die Besitzungen der Chersoniten oftmals geplündert haben. Noch auf sehr späten italienischen Seekarten begegnen wir auf der nördlichen Seite der Westecke Taurien's oder des „Tarkanskii-kut" einem Hafen *Varangolimena*, wohin die Waranger aus dem πέραμα τοῦ Κραρίου an der Dnēpermündung übersetzten; die nahe Landzunge, oberhalb Calolimena und Saline, führt den Namen *C. Rosofar* „Russenfähre" vom altn. *fari* „Fähre" (oder *far* n. „Fahrzeug" *för* f. „Fahrt"?). An der Don-Mündung begegnen wir einem Casal de *li Rossi*, und eben dahin muss die Stadt Rōsija der arabischen Berichte verlegt werden. Für Cherson, das der kundige Nestor eine „griechische Stadt" nennt (Korъsunъ gradъ grečъskyi p. 66 M.), gewinnen wir aus demselben Annalisten einige schätzenswerthe Nachrichten. In dem Vertrage, den Igor im Jahre 944 mit den Griechen abschliesst, wird ausdrücklich bestimmt, der russische Fürst solle sich keine Macht über das Gebiet von Cherson und über die darin gelegenen Castelle anmassen (a o Korъsunъstēi stranē, jelikože jestъ gradowъ na toi časti, da ne imatъ wlasti knjazъ Rusьkyi etc. p. 28); wenn er in dortigen Landen Krieg führt (mit den Chazaren? oder Pečenegen?) und von den Griechen Hilfstruppen fordert, so werden ihm diese nach Erforderniss zugeschickt. Wenn die Chersoniten (Korъsunjany) an der Dnēpermündung Fischfang betreiben, so sollen ihnen die Russen kein Leid zufügen; die Russen sollen daselbst nicht überwintern, weder bei Bēloberežije noch bei dem hl. Aitherios (ἡ νῆσος τοῦ ἁγίου Αἰθερίου, Const. cap. IX p. 78, 11. und 17. Z.), sondern bei Annäherung des Herbstes in ihre Heimat sich zurückbegeben. — In dem Vertrage, den Swjatoslaw im Sommer des Jahres 972 zu Derstrъ (Silistria) mit dem Kaiser abschloss, gab der Russenherzog gleichfalls das Versprechen ab, kein griechisches Land mit Krieg zu überziehen, weder Bulgarien noch das Gebiet von Cherson und die darin gelegenen Castelle (na wlastь Korъ-sunъskuju, jeliko jestъ gradowъ ichъ p. 42). Hat etwa Swjatoslaw, durch die Ereignisse gezwungen, dem Protectorate über Taurien und das gotische Land entsagt?

In einer Anmerkung zu Leon Diakonos X, 10 p. 175 (ἡ συμβᾶσα πρὸς τῶν Ταυροσκυθῶν τῆς Χερσῶνος ἅλωσις) hat der Herausgeber *Hase* nach einer Pariser Handschrift des zehnten Jahrhundertes drei Fragmente veröffentlicht, welche für die taurischen Verhältnisse belangreich sind, obwohl die darin erzählten Ereignisse bei dem Mangel aller Eigennamen stets dunkel und unaufgeklärt bleiben werden. Der berühmte Akademiker *Kunik* hat in seiner Abhandlung O zapiskě Gotskago toparcha" (Zapiski etc. XXIV S. 61—160), diese Fragmente mit gewohnter kritischer Schärfe und Akribie analysirt und gefunden, dass sie von einem „gotischen Toparchen herrühren, dessen sporadische Existenz wir um das Jahr 795 bezeugt sahen. Der Verfasser der drei griechischen Schriftstücke bekundet klassische Bildung und schreibt in dem Tone eines Rhetors. Kunik hält das Jahr 965 für die wahrscheinlichste Abfassungszeit; es ist das Jahr, in welchem Swjatoslaw die chazarische Veste Sarkel eingenommen, die Macht der Chazaren empfindlich geschwächt und sogar die weit im Süden hausenden *Jasen* (Alanen) und *Kasogen* (Čerkessen) bewältigt hat; damals mögen die Gestade des azow'schen Meeres und vielleicht selbst Tmutarakan unter russische Botmässigkeit gekommen sein; nach diesen Erfolgen mochte der Grossfürst den gotischen Toparchen an seinem Hofe in Kyjew aufgenommen haben. Erst in den Beginn des elften Jahrhundertes, in die Regierungszeit Wladimēr's, die Fragmente zu verlegen, liegt kein zwingender Grund vor. Wir pflichten den Auseinandersetzungen des russischen Gelehrten im Grossen und Ganzen bei, und erlauben uns nur in Kleinigkeiten abzuweichen; so halten wir z. B. nicht Kyjew für das Reiseziel des Toparchen; auch möchten wir die erzählten Thatsachen lieber in das Jahr 968 (oder 969) verlegen.

Der Toparch erzählt, dass „die Barbaren", denen sich die Städte und Völker Taurien's gutwillig gefügt hatten, wider alle Rechte und Verträge das ihnen zugehörige Land und ihre Untergebenen auf jede Weise zu schädigen begannen, dass sie gleich wilden Thieren alles verwüsteten und das Leben Aller bedrohten; der Toparch sei zur Nothwehr, zum Kriege gezwungen worden, als bereits der Winter im Anzuge war. Ueber die Verheerungen der Barbaren berichtet er (p. 501): οἱ βάρβαροι . . . πόλεις ὑπηκόους ἀνδραποδίζειν καὶ διαφθείρειν ξυνέθεντο. πόλεις μὲν γὰρ πλείους ἢ δέκα ἀνθρώπων ἐξεκενώθησαν, κῶμαι δὲ οὐκ ἐλάττους πεντακοσίων παντελῶς ἐρημώθησαν. Sie hatten auch den Sitz des Toparchen (ἀρχὴν ἐμοῦ τὰ κλίματα) gänzlich zerstört, und dieser beschloss zunächst den Wiederaufbau des Ortes; er legte in der Nähe ein φρούριον mit Wall und Graben an, um für alle Vorfälle ein Bollwerk, eine Zuflucht zu haben; alsbald erhob sich auch die κατεσκαμμένη πόλις aus ihren Trümmern und füllte sich mit Bewohnern. Die Barbaren kamen heran, ἱππικῷ τε ἅμα καὶ πεζῷ, aber der Toparch schlug sie mit seiner tapferen Mannschaft, die aus wenig mehr als 100 Reitern und über 300 Bogenschützen und Schleuderern bestand, zurück. Nachdem die Gefahr vollständig beseitigt war, berief er alle Stammesgenossen; ein Thing der Angesehenen (ἐκκλησία τῶν ἀρίστων) wurde abgehalten und der Toparch beauftragt, dem benachbarten mächtigen Herrscher, welcher oberhalb der Donaumündungen eine starke Heeresmacht unter sich hatte, Unterwerfung und Waffengenossenschaft anzubieten. Die Goten waren damals dem byzantinischen Reiche und selbst den Chersoniten fast ganz entfremdet, ihre Sympathien wandten sich vielmehr den stammesverwandten Rōs zu (vgl. die Worte ὅμοροι ὄντες πρὸς τὸν κατὰ τὰ βόρεια τοῦ Ἴστρου βασιλεύοντα ... ἤθεσι τοῖς ἐκεῖ τὰ παρὰ σφῶν αὐτῶν οὐκ ἀποδιαφέροντες). Der Toparch berichtet, dass die Mission nach Wunsch ausgefallen sei; der Herrscher nahm ihn in Gnaden auf und erwog die Sache nach ihrer Wichtigkeit; ἐμοὶ δὲ τὴν τῶν κλιμάτων ἀρχήν αὖθις ἀσμένως πᾶσαν ἔδοτο καὶ προσέθηκε καὶ σατραπείαν ὅλην, ἔν τε γῇ τῇ αὐτοῦ προσόδους ἐπετείους ἱκανὰς ἐδωρήσατο. Im Uebrigen (Fragment 1. p. 496—498) ist ein Bruchstück der Schilderung seiner Sendung, wir wissen nicht sicher ob der Hin- oder der Rückreise, enthalten; wir finden den Toparchen an den Ufern des Dnēper; er setzt über den binnen kurzer Zeit zugefrorenen Strom und gelangt κατὰ τὴν κώμην τὴν Βοριών; es war mitten im Winter, und die Weiterreise gieng durch feindliches Gebiet πρὸς τὸ Μαυρόκαστρον. So weit die Fragmente.

Welches Volk haben wir uns unter den βάρβαροι, welche die gotischen Klimate verheerten, zu denken? Etwa die Pečenegen, welche um 950 im nördlichen Taurien und in den Dnēpergegenden Macht besassen? Kunik (S. 84) denkt an die Chazaren, die seit Jahrhunderten Taurien und die Klimate als legitime Oberherren besessen hatten und damals vielleicht die letzten Anstrengungen machten, ihre Ansprüche auf die gotischen Klimate durchzusetzen. Die Entscheidung ist schwer. Die Wildheit und Treulosigkeit der Barbaren passt besser auf die Pečenegen denn auf die weit civilisirteren Chazaren; für diese spricht hinwieder der Umstand, dass von älteren Verträgen und Ansprüchen die Rede, denen sich die taurischen Stämme und Städte gutwillig gefügt hatten, und dass die Barbaren auch mit geordnetem Fussvolk heranrückten, nicht bloss mit Reiterei; endlich, dass sie nach dem Siege des Toparchen Ruhe einhalten, was von Pečenegen kaum zu erwarten. — Das φρούριον und die πόλις κατεσκαμμένη, der Sitz des Toparchen, weisen auf das alte Daurôns oberhalb des Čatir-dagh; das am linken Salgyr-Ufer gelegene Eski-saraï besitzt eine am Berge ungleichseitig viereckig aufgeführte Mauer mit vier Thürmen, den Tataren zufolge

„un palais de khan" (Montandon p. 116), nach Pallas (Bemerkungen II, 160) vielleicht von genuesischer Anlage, unseres Dafürhaltens der alte Gotensitz. — Die ἄριστοι, welche den Thing abhalten, erinnern an die ἄρχοντες vom Jahre 786; auch Swjatoslaw hält in Dristra eine βουλὴ τῶν ἀρίστων ab (bei Leon Diakonos byzantinisch κομμέντον genannt). — Jener mächtige βασιλεύων, der sich damals im Norden der Donau(mündungen) aufhielt, ist höchst wahrscheinlich nicht Wladimēr, der sich allerdings zu Ende des Jahres 987 vor der Einnahme Cherson's mit seiner Flotte an den pontischen Gestaden befand, sondern dessen Vater Swjatoslaw „welii knjazь Rusьkyi". Die Rōs, wenngleich schon damals mit den Slowenen innig verschmolzen, waren in Sprache und Bräuchen den Goten ähnlicher als alle übrigen Nachbarvölker, und daraus erklärt sich die Geneigtheit der Goten zu einem Anschlusse an den Russenherzog; allerdings waren die Russen noch dem Heidenthume ergeben; doch zählte der christliche Glaube bereits zahlreiche Anhänger in russischen Landen; in der Legende des hl. Constantin ist sogar von einem Evangelium und Psalterium in rossischer Schrift die Rede. Wichtig für die Zeitbestimmung ist der Ausdruck ὁ κατὰ τὰ βόρεια τοῦ Ἴστρου βασιλεύων. Wäre eigens das Reich von Kyjew gemeint, so wäre der Ausdruck τοῦ Δανάπρεως zutreffender gewesen; so aber muss ein Zeitpunkt wahrgenommen werden, wo sich die Russenmacht an der Donau concentrirt hat. Erinnern wir uns, dass zumal in der früheren Periode, vor Wladimēr, die Rōs aus dem Dnēper-Limán nach den Donaumündungen Fahrten unternahmen (Const. Porphyr. cap. IX: οἱ Ῥῶς ἔρχονται εἰς τὸν ποταμὸν τὸν Ἄσπρον . . . εἰς τὸν Σελινὰν, τὸ τοῦ Δανουβίου ποταμοῦ παρακλάδιον, καὶ ἕως οὗ διέλθωσι τὸν Σελινὰν ποταμὸν, παρατρέχουσιν αὐτοῖς οἱ Πατζινακῖται); dass Igor zur Zeit seines Friedensschlusses mit den Griechen mit der ganzen družina an der Donau weilte (Nestor p. 25, 1 M.); und dass namentlich Swjatoslaw sammt seiner warangischen und slowenischen družina seit 968 alljährlich nach der unteren Donau zog, anfänglich als Bundesgenosse des Kaisers gegen die Bulgaren, bald jedoch mit der ausgesprochenen Absicht, das schöne Bulgarenland für sich zu gewinnen. Die griechischen Vesten und Häfen an den Donaumündungen schlossen sich Swjatoslaw gleich zu Beginn seiner Expedition willig an (Skylitzes p. 401 φρούρια τὰ πέραν ἰδρύμενα τοῦ Ἴστρου gradъ osmь-desjatь po Dunajewi, Nestor p. 37); an der Donau gefiel es dem Russenherzog ausnehmend wohl; „hier flossen ihm alle Güter der Natur, alle Erzeugnisse der Kunst reichlich zu; die Griechen schickten Gold, Stoffe, Wein und Früchte, die Böhmen Silber, die Ungarn Pferde, die Russen Pelzwerk, Wachs, Honig und Sklaven". Die Macht, welche Swjatoslaw damals um sich schaarte, war in der That imposant; was Wunder, dass auch die Goten Tauriens daran dachten, sich unter den starken Schutz des nordischen βασιλεύων zu begeben? Wurden sie etwa in diesem Vorhaben von Kalokyros bestärkt, der damals bei Swjatoslaw weilte und sich mit dem Plane trug, als Prätendent des griechischen Kaiserthrones aufzutreten? (Ich muss gestehen, dass ich einige Zeit lang den Sohn eines πρωτεύων von Cherson für den Verfasser der obigen Fragmente gehalten habe.). — Die Schenkungen, welche Swjatoslaw dem Toparchen machte, beziehen sich vielleicht auf die Zölle des Hafens Βαραγγολιμένα im Tarkanskii kut; die beiden nahe gelegenen καστέλλια (Köppen, Kr. sb. S. 349) gehörten vielleicht zu den Klimaten. Kunik denkt an Oertlichkeiten am azow'schen Meere; minder wahrscheinlich. — Was die Orte betrifft, welche der Toparch auf seiner Reise berührte, so lässt sich über Βοριών nichts Sicheres behaupten; ist in dem Fragmente, wie wir vermuthen, die Hinreise geschildert, so dürfen wir diese κώμη bei dem heutigen Nikolajew suchen. Μαυρόκαστρον halten Jene, welche darin die Rückreise geschildert sehen, für den krym'schen *Qara-su-bazár*, der im Munde der krym'schen Neugriechen allerdings mit Μαῦρον κάστρον bezeichnet worden ist (Köppen, Kr. sb. S. 337). Für uns jedoch unterliegt es keinem Zweifel, dass die Byzantiner des zehnten Jahrhundertes mit Μαυρόκαστρον eine bei dem heutigen Aq-kermán am Dnēster-Limán (byz. Ἀσπρόκαστρον oder Λευκοπολίχνη, poln. Bialo-grod) gelegene Veste verstanden haben: die italienischen Karten des Mittelalters (z. B. die des Petro Vesconte 1318) setzen *Mauro castro, Morocastro, M^ocastro* oder *Moncastro* „sulla sponda inferiore del Niestro non lungi della sua foce" an. Swjatoslaw konnte sich leicht auf kurze Zeit in einem Hafen oberhalb der Donaumündung aufgehalten haben, sei es um seine Kräfte zu dem entscheidenden Schlage gegen Bulgarien zu sammeln, sei es dass er am Schlusse des ersten oder zweiten Expeditionsjahres gerade auf der Heimkehr nach Kyjew begriffen war. — Wenn der Toparch sagt, dass der Weg mitten im strengsten Winter διὰ πολεμίας γῆς führte, so ist dabei an die Pečenegen zu denken; dass diese den Russen Zuzüge geleistet haben, schliesst nicht feindselige Bedrohung des Gotensendlings aus; hat doch später der Hordenführer Kurja Swjatoslaw's Rückzug bedroht.

Wladimēr, Swjatoslaw's Sohn, machte nach den grossen Erfolgen, die er gegen die Nachbarn seines Reiches im Westen, Norden und Osten errungen, die alten Ansprüche auf die taurischen Häfen und die chersonitischen Klimate wiederum geltend und bemächtigte sich im Jahre 987 sogar der Stadt Cherson selbst; in dieselbe Zeit fällt die Eroberung von Surožь (Σουγδαία, j. Sudak) und Korьčewь (Vosporos oder Pantikapaion, j. Kerč), von welcher die russisch geschriebene Erzählung der Wunderthaten des hl. Stefan von Surož Meldung thut, und wahrscheinlich auch die Wiederaufnahme des russischen Protectorates über das gotische Land. Die griechischen Kaiser Basilios und Konstantinos erfüllten aus Gründen der Politik das Begehren des ungestümen Eroberers, der schon seit geraumer Zeit zu dem christlichen Glauben Neigung gefasst hatte, und gaben ihm ihre Schwester Anna zur Gemalin. Anna kam mit zahlreichen geistlichen und weltlichen Würdenträgern über das Meer nach Cherson und wurde von den Bürgern festlich empfangen (988); die russischen Bojaren liessen sich in der Kirche des hl. Basilios zu Cherson taufen. Wladimēr überliess Cherson hierauf dem griechischen Reiche; er nahm nur Kirchengefässe, die Reliquien des hl. Clemens und Erzeugnisse antiker Kunst (zwei Götzenbilder und vier eherne Rosse) mit sich nach Kyjew. Die Russen besassen damals auch Tmutorokan; dieses gab Wladimēr bei der Theilung seines Reiches seinem Sohne Mstislaw zum Lehen (Nestor p. 74 M.). Im Jahre 1011 starb die cēsarica Anna, Wladimēr selbst bald darauf, 1015.

In das folgende Jahr 1016 fällt ein Ereigniss, welches Zeugniss ablegt von der — allerdings schwachen — Fortdauer der chazarischen Macht an den Gestaden des Pontus. Der griechische Kaiser Basilios (der „Bulgarenschlächter") schickte damals den Admiral Bardas Mongos, den Sohn des Andronikos Dukas, mit einer Flotte εἰς Χαζαρίαν. Den Griechen leistete ausgiebige Beihülfe der Russe Σφέγγος, ὁ ἀδελφὸς Βλαδιμηροῦ. Die russischen Jahrbücher kennen diesen Namen (altnord. *Sveinki*) nicht, sie erzählen nur von Mstislaw, Swjatoslaw's Sohn, dem Fürsten von Tmutorokan. Die Expedition fiel erfolgreich aus; der griechische Heerführer ὑπέταξε τὴν χώραν, τοῦ ἄρχοντος αὐτῆς Γεωργίου τοῦ Τζούλου ἐν τῇ πρώτῃ προσβολῇ συλληφθέντος. Der Chazarenfürst war, wie der Vorname zu beweisen scheint, christlichen Glaubens; sein Sitz dürfte das spätere

Solqat oder *Eski-krym* gewesen sein. Wenn durch diesen Erfolg der Besitz Taurien's für das griechische Reich wieder erzielt wurde, so müssen die Russen seit geraumer Zeit das Protectorat über die gotischen Klimate aufgegeben haben. Seitdem verschwinden die Chazaren für immer aus den byzantinischen Annalen; in den russischen Jahrbüchern dagegen wird ihrer noch öfter gedacht. Im Jahre 1022 (Nestor p. 90 M.) zog Mstislaw „der Tapfere" gegen die Čerkessen und bewältigte deren Oberhaupt (knjazъ Kasožьskyi) Rededja; zum Andenken daran stiftete er in Tmutorokan eine Kirche der Gottesmutter. Im folgenden Jahre zog er mit den unterworfenen Čerkessen und Chazaren (sъ *Kozary* i sъ *Kasogy*) gegen seinen Bruder Jaroslaw und erzwang (1027) von demselben alles Land östlich vom Dnēper. Einer der folgenden Herrscher in Tmutorokan Rastislaw unterwarf die Čerkessen von Neuem. Der Commandant von Cherson (ὁ κατεπάνω, Nestor p. 103 *Kotopanъ*) wusste das Vertrauen dieses Fürsten zu gewinnen und — vergiftete denselben; vielleicht hatte er gehofft, nach dieser That Tmutorokan dem griechischen Reiche einverleiben zu können. Diese rücksichtslose Perfidie war den Griechen selbst zu arg, die Chersoniten erhoben sich wider ihren Strategen und steinigten den Schurken. Später bemächtigte sich, wahrscheinlich mit griechischer Hilfe, Oleg des Fürstenthums; er liess (1083) viele Chazaren, welche sich ihm widersetzt hatten, hinrichten. Im Jahre 1094 zog Oleg aus Tmutorokan und belagerte an der Spitze des Polowzer Wladimir Monomach in Černigow. Seitdem verschwindet der Name Tmutorokan aus der russischen Geschichte; die Herrschaft der Russen am azow'schen Meere und im Bosporos hat ihr Ende erreicht; selbst die Benennung „Russenmeer" für den Pontus kommt ausser Gebrauch. Die türkischen Kumanen (russ. *Polowьci*, Nestor p. 145, vorletzte Zeile) sind fortan die Herren an den Nordgestaden des Pontus, und die Russen haben Mühe, sich dieser Steppenhorden zu erwehren.

V.

Gleichzeitig mit dem Beginn der Herrschaft des Adelsgeschlechtes Komnenós in Byzanz (1057) war die Ueberfluthung der südrussischen Steppen durch die Uzen und dann durch die Kumanen erfolgt; letztere herrschten fortan 130 Jahre lang von den Wolgamündungen bis zur unteren Donau. Kumanen waren es, die im Jahre 1094 Oleg auf seinem Zug nach Černigow begleiteten und gleichzeitig dem griechischen Kronprätendenten Diogenes Hilfsvölker zum Einbruch nach Romania stellten; Pseudo-Diogenes war vom Kaiser nach Cherson in Gewahrsam geschickt worden, hatte jedoch Gelegenheit gefunden, Nachts von seinem Kerker sich mit den Kumanen zu verständigen, welche in Cherson sich aufhielten, um Waaren einzutauschen (Anna Comn. X, p. 272 Poss.). Unter den Kumanen behaupteten noch die Alanen (russ. *Jasy*) ihre alten Wohnsitze am Don und Donez; im Jahre 1116 eroberte Monomach's dritter Sohn Jaropolk drei Städte der Polowzer Balin Čeplujew und Sugrow und nahm dabei viele Jasen gefangen; er vermählte sich sogar mit einer gefangenen Jasin. Ohne Zweifel war auch ein Theil der Goten den Kumanen unterworfen; in dem russischen „slowo o polku Igorewé", worin der unglückliche Zug Igor's, des Fürsten von Nowgorod und Sewerien, gegen die Polowzer im Jahre 1185 geschildert wird, heisst es: „die schönen Gotenmädchen (Gotbskyja krasnyja děwy) singen am Gestade des blauen Meeres, mit dem russischen Golde klingend (das ihnen die Polowzer als Liebesgabe verehrt haben) und preisen die Zeit des Busa und den Kriegsmuth des Šarokan". Busa und Šarokan waren Hordenführer der Kumanen, welche die Gebiete der Russen geplündert hatten (Šarokan im Jahre 1107; mit Busa vgl. den Bulgarenführer Busa, welcher im Jahre 488 dem Theoderich auf dessen Zug nach Italien feindlich entgegentrat, Hist. misc. XVI, 17). Eine Spur des Gotennamens hat für diese Zeit Kuník (S. 142) nachgewiesen; in dem Leben des hl. Antonius des Römers, des Gründers eines Klosters bei Nowgorod (um 1106), wird auch eines *Gotthinь* gedacht, der sich in Nowgorod aufhielt und der griechischen Sprache kundig war. Trotz der Einbusse der russischen Macht durch die Kumanen war, wie wir aus dem Igorliede ersehen, die Erinnerung an den alten Besitz von Korsunь Surožь und Tьmutorokan nicht erloschen.

Der griechische Einfluss errang in Taurien unter der Regierung des ritterlichen Manuel I. Komnenós (1143—1180) neue Geltung und der Kaiser konnte mit Recht den längst vergessenen Titel Γοτθικός, den sich Justinianus beigelegt hatte (neben Βανδηλικός Ἐρουλικός Ἀντικός etc.), wieder annehmen (vgl. Zach. v. Lingenthal, Jus gr.-rom. III, p. 485). Die Häfen der taurischen Küste und das Berggebiet der Goten befanden sich in seinem Besitze; er behielt sich auch den Handel nach Ῥωσία (an der Donmündung) und Μάτραχα vor (gr. Dipl. vom Jahre 1170). Unter Isaakios II. (1185—1195) wurden die verfallenen Festungswerke von Bosporos restaurirt διὰ τοῦ Εὐπατερίου τοῦ στρατηλάτου καὶ δουκὸς Χερσῶνος (a. 1190, C. I. Gr. Nr. 8740). Die binnenländischen Kumanen, der Schifffahrt gänzlich abhold und vollständig auf die Zufuhren der fremden Kaufleute angewiesen, setzten der zähen Ausbreitung des listigen Handelsvolkes keine Schwierigkeit entgegen. — Mit der Besitznahme Constantinopel's durch die Latiner (1204) gewann der Verkehr Taurien's mit der kleinasiatischen Küste neuen Aufschwung; der Kaiser von Trapezunt übte als Erbe der byzantinischen Herrscher über Cherson und das Gotenland das Protectorat aus und bezog von da Einkünfte (τὰ δημοσιακὰ τελέσματα τῆς Χερσῶνος καὶ τῶν ἐκεῖσε κλιμάτων Γοτθίας, a. 1223, Fallmerayer Originalfragmente p. 72, Kunik p. 75); in dem Kriege des Andronikos I. Gidon mit dem Seldžukensultan brandschatzten die von Sinope ausgeschickten türkischen Segler die taurischen Häfen und das Gebiet von Cherson; die Beute (ὅσα ἐκ τῶν κλιμάτων Χερσῶνος ἐκεῖνοι ἐλήϊσαντο) wurde ihnen jedoch von den Trapezuntinern wieder abgenommen. Die taurische Küste heisst in den trapezuntinischen Jahrbüchern ἡ περατεία.

Ein neuer Völkersturm erhob sich aus dem fernen Osten, die Mongolen. Džudži, Činggis' Erstgeborener, warf das Reich Kipčak über den Haufen; die Kumanen und deren Verbündete werden aus ihren Sitzen aufgejagt und suchten zum Theil in den christlichen Reichen Zuflucht. Auch Taurien erhielt damals neue Gäste. Das vielverzweigte Volk der Alanen, seit jeher gewohnt, Metanasten auszuschicken, zerstob vor den Mongolenhorden nach allen Seiten; ein Bruchtheil, zu unterscheiden von der älteren Alanencolonie bei Kafa und Sudak, liess sich in den taurischen Steppen oberhalb Cherson, westlich von den Goten, nieder — für die Stadt gewissermassen eine lebendige Schutzwehr. Alsbald fand sich auch ein Seelenhirt für diese Christenschaar, Theodoros, der Verfasser eines λόγος 'Αλανικός (A. Mai, Nova patrum bibl. VI, p. 379), ein Zeitgenosse des Patriarchen Germanos III. (1222—1240). Ein Zeugniss für die Nachbarschaft der Alanen und Goten wird uns noch später begegnen. Andere Alanen zogen nach den Ufern des Dnēster und Bug und verwuchsen hier entweder mit den russischen Freibeutern (Brodniki, russ. Ann. a. 1147. 1216. 1224, lat. Urk. a. 1222), sowie mit den Kumanen und Wlachen (vgl. Jaskyi torgъ, das heutige Jassy) oder sie sind später von da auf byzantinischen Boden übergetreten.

Noch gewaltiger war der Mongolensturm unter Batu, dem Vasallen Oghotai's; die Tataren eroberten Sudak (1239) und unterjochten die Volksstämme Taurien's; obwohl nun die Herrscher in Kipčak Tataren waren, hat doch dieses Reich ob des Vorherrschens der Kumanen das türkische Gepräge bewahrt. Nikephoros Gregoras zählt folgende Völker auf, welche damals den Tataren gehorchten (II, 5): Ζιχχοί τ' 'Αβασγοί τε, Γότθοι τε καὶ 'Αμαξόβιοι (Alanen), Ταυροσκύθαι (Russen) τε καὶ Βορυσθενεῖται (die Brodniken oder Kazaken) und die binnenländischen Οὖννοι καὶ Κόμανοι. Gotia nennt unter den unterworfenen Gebieten auch Marinus Sanutus, secret. fid. cruc. III 12, 16: „a. 1242 Tatari vastant Rusiam Gazariam *Sugdaiam Gotiam* Ziquiam Alaniam Poloniam ceteraque regna usque XXX". Die mongolischen Herrscher waren in religiösen Dingen ziemlich indifferent und duldeten Glaubensgenossen aller Art in ihrer Umgebung. In diese Epoche fallen die grossen Reiseunternehmungen abendländischer Kaufleute und christlicher Glaubensboten nach Innerasien, wodurch die Länderkunde so sehr sich erweiterte. Ungarische Sendboten brachten die erste Kunde über die Länder an der Wolga und am Ural nach dem Westen; Ruysbroek selbst hatte manche Nachrichten über das Baškirenland eingezogen „per fratres praedicatores, qui iverunt illuc ante adventum Tatarorum" (Rec. de voy. IV, p. 275); bekannt ist der Reisebericht des Bruders Julianus vom Jahre 1237 „de facto Ungariae magnae inventae". Auch das Gotenland haben die Glaubensboten besucht; Papst

Innocentius IV. richtet im Jahre 1245 ein Schreiben an die „Fratres minores in terras Graecorum Bulgarorum Cumanorum Alanorum Gazarorum *Gothorum* Zichorum . . . aliarumque infidelium nationum Orientis proficiscentes"; ebenso im Jahre 1253, mit Hinzufügung der „Ungarorum maioris Ungariae" und „Christianorum captivatorum apud Tataros". In dasselbe Jahr 1253 fällt die Mission des Franziskaners W. Ruysbroek (Rubruquis).

Ruysbroek, der am 20. Mai d. J. in dem Hafen *Soldaia* (Sudak) gelandet war, gibt uns eine treffende Schilderung der taurischen Halbinsel; er unterscheidet den hafenreichen und gebirgigen Küstenstrich mit dem darübergelagerten Höhenrücken und den an der Nordseite ausgebreiteten Wäldern und wasserreichen Thalstrecken von der baumlosen Steppengegend, die sich fünf Tagreisen weit bis zur Landenge erstreckt; „in hac planicie solebant esse Comani, antequam venirent Tatari, et cogebant civitates et *castra*, ut darent eis tributum". Diese castra liegen im gebirgigen Theile von Cherson bis Sudak (p. 219): „sunt *quadraginta castella* inter Kersonam et Soldaiam, quorum quodlibet fere habebat proprium idioma: inter quos erant *multi Goti, quorum idioma est Teutonicum*". Hier haben wir die erste denkwürdige Nachricht über die Sprache der taurischen Goten; wie muss der Vläme gestaunt haben, als er in diesem entlegenen Erdwinkel mitten unter Griechen, Juden und türkischen Barbaren heimische oder den heimischen ähnliche Laute vernahm! Jene vierzig Castelle zwischen Cherson und Kafa kennt auch Abulfeda (1321), wenn er sagt: „*Qirim* ist der Name eines Landstriches, welcher ungefähr *vierzig Ortschaften* enthält, wovon Solghāt Sūdāq und Kafā die bekanntesten sind"; anderen Ortes schränkt er freilich den türkischen Namen Qirq-ïer („vierzig Männer", wie er falsch übersetzt; ïer ist aber nicht *er, ir* „Mann", sondern *ïar, ïer* „Ort") ein auf „eine befestigte, unzugängliche Burg auf einem Plateau, wohin sich die Leute des Stammes Ās (d. h. Alanen) in Kriegsnöthen zurückziehen, eine Tagreise nördlich von Sarikermān (Cherson); nahe ist der mächtige, in die Luft ragende Ġātir-tāgh, den der Schiffer auf dem Meere von Qirim fernher erblickt". Wir wissen, dass sich der Name Qirq-ïer endlich für einen einzigen Ort, das heutige Čufút-kalé, festgesetzt hat. — Unter den Völkern, welche dem Fürsten Sartak gehorchten und an den Hof Batu's zur Tributleistung zogen, erwähnt Ruysbroek (p. 263) „Ruteni Vlachi Bulgari Soldaïni (aus Sudak) Cherkisii

(Čerkessen) Alani"; er traf (p. 264) „Ruteni et Hungari et Alani, quorum est maxima multitudo inter Tataros, habentes pharetras et arcus".

Ein Vorläufer Ruysbroek's war Johannes de Plano Carpini, Bischof von Antivari in Albanien, der im Jahre 1245 als päpstlicher Sendbote an den mongolischen Hof zog; er hat Taurien nicht berührt und wir erfahren durch ihn nichts über die Goten; er zog durch die südrussische Steppe und traf da „Christiani plures *Gazari* et Ruteni et *Alani*" (p. 674); ausser freien, noch nicht unterworfenen Alanen nennt er noch *Saxi* oder *Saxones* (p. 710). Man vergleiche dazu die Liste seines Gefährten Benedictus Polonus (p. 776): „fratres euntes per Comaniam a dextris habuerunt terram *Saxonum*, quos nos credimus esse *Gotos*, et hii sunt christiani; postea *Alanos*, qui sunt christiani; postea *Gazaros*, qui sunt christiani; deinde *Circassos*, et hii sunt christiani". Diese Saxones, welche Benedictus irrthümlich für Goten hält, sind offenbar die *Čcčén* (os. *Čaχán*) am Flusse Terek im nördlichen Kaukasus oder die SASONES-SARMATAE der Tab. Peut., Σάσονες bei Ptolem., noch spät Σάσοι genannt bei Laonikos Chalkokondyles; als *Sassoni, Sasoni* begegnen sie uns unter den christlichen Stämmen des Kaukasus, welche durch den trapezuntinischen Kaiser David dem Papste Pius II. im Jahre 1459 ihre Beihilfe zum Kampfe wider die ungläubigen Türken anbieten (Aeneae Sylvii ep. Nr. 390 sqq. Luccari Ann. di Rausa p. 110). Ebendieselben Čečenzen und Čerkessen sind später fanatische Muselmänner geworden!

Bald nach dem Einzuge der Palaiologen in Byzanz (1261) treten die genuesischen Kaufherren an der taurischen Küste als wichtige Factoren auf; sie erstehen (1266) um eine Geldsumme von dem tatarischen Besitzer das Territorium von *Caffa* und streben die Grenzen desselben immer mehr auszudehnen; bei der Stiftung der Colonie erwirbt sich die Patricierfamilie dell' Orto grosse Verdienste; die Statute, welche die Mutterstadt Genua, die Rivalin Pisa's und Venedig's, hinsichtlich *Gazaria's* festgesetzt hat, und andere Urkunden geben für einen Zeitraum von 222 Jahren manche Aufschlüsse über die Verhältnisse Taurien's. Durch die Genuesen gelangen die Erzeugnisse des Abendlandes, Stoffe aller Art und Schmucksachen, auch Spirituosen (Weine aus Marseille und Sicilien), zu den Tataren; Ausfuhrartikel dagegen aus den pontischen Häfen waren Rohproducte, wie Hanf, Getreide, Wachs und Honig, Fische und — Menschen. Der Sklavenmarkt zu Alexandria ward vorzüglich durch genuesische Fahrer versorgt; schon damals waren die schönen Kinder der Čerkessen, Abchasen und Mingrelier in den Harems beliebt und gesucht; die Sitte des Menschenverkaufs datirt jedoch aus den ältesten Zeiten, wie wir gesehen haben, und hat niemals Unterbrechungen erfahren; im achten und neunten Jahrhundert waren es ausser den Russen die Ungarn oder Modžgarrije, welche (nach Ibn-Dosta's Bericht) die von den Saqlab erbeuteten Gefangenen nach dem Hafen Karχ brachten und für griechische Waaren eintauschten. Ueber den Sklavenhandel der tatarischen Epoche berichtet Laonikos Chalkokondyles III p. 135: οἱ Σαχαταῖοι (Čaghataï) περὶ τὸν Βόσπορον καὶ τὴν Ταυρικὴν νῆσον ἐπινεμόμενοι καὶ τὴν ὅμορον ληλατοῦντες τήν τε Τζαρκάσων καὶ Μιγκρελίων καὶ Σαρματῶν (Russen), καὶ ἀνδράποδα ὡς πλεῖστα ἀγόμενοι ἐπὶ τὸν Βόσπορον, ἐπὶ Καρέαν πόλιν καὶ εἰς τὴν Μαιώτιδα καλουμένην λίμνην ἀπάγοντες, ὀλίγου τε αὐτὰ ἀποδιδόμενοι τοῖς τε Ἐνετῶν καὶ Ἰανύων (Genuesen) ἐμπόροις, οὕτω δὴ βιωτεύουσιν. Der Hafen Καρέα dürfte mit Κάροια („die Hörner") des Ptolemaios oder dem heutigen Tagan-rog gleich sein. Wir fügen noch Schiltperger's Notiz hinzu: „item ein Land haisst Tscharkas, daz ligt och by dem schwartzen mer, und halten kriechischen gelouben; aber sie sint bös lût: wan sie verkoffent ire aigne kinder den haiden und stelent andern lüten ire kinder und verkoffens, und sint och rober uff den strassen und habent ein besundere sprauch". Zur Ehre dieser Zeiten sei bemerkt, dass sich doch auch Stimmen vernehmen liessen, welche diesen Handel verdammten, voran die des Papstes. So ermahnt dieser in einer Urkunde des Jahres 1425 (bei Raynald) die Kaufleute aus Caffa und Tana, „ne diutius vendant in servitutem *Christianos Zychos Russos Alanos Mingrelios et Abasgos*".

Zu Ende des 13. Jahrhundertes setzte Noghaï eine neue Auflage des Reiches Kipčak in's Werk; die taurischen Völker assimilirten sich immer mehr und mehr in Sprache, Sitte, Tracht und Glauben den islamitischen Tataren. Georgios Pachymeres berichtet darüber (I, p. 345): ὡς δὲ χρόνου τριβομένου, ἐπιμιγνύντες σφίσιν (den Noghaï-Tataren) οἱ περὶ τὴν μεσόγαιον κατῳκημένοι, Ἀλανοὶ λέγω Ζίκχοι τε καὶ Γότθοι, Ῥῶσοι καὶ τὰ προσοικοῦντα τούτοις διάφορα γένη, ἔθη τε τὰ ἐκείνων μανθάνουσι, καὶ γλῶσσαν τῷ ἔθει μεταλαμβάνουσι καὶ στολήν, καὶ εἰς συμμάχους αὐτοῖς γίνονται. Trotz allem wurde der Raum manchem Volke zu eng. Im Anfange des folgenden Jahrhundertes pochten

16.000 Alanen, welche sich der tatarischen Herrschaft entziehen wollten, an dem Schlüssel der unteren Donau und begehrten Einlass in das byzantinische Gebiet ('Αλανῶν μεγάθυμον ἔθνος Pachymeres II, p. 307, χριστιανοὶ τυγχάνοντες ἄνωθεν Nikeph. Greg. VI, 10); durch Lukas, den Bischof von Βίτζινα (Veçina der italienischen Karten, an der unteren Donau), liessen sie dem Kaiser Andronikos ihre Kriegsdienste anbieten; aber trotz ihrer Tapferkeit gelang es ihnen später nicht, gegen die kleinasiatischen Türken Erfolge zu erringen. Die Sultane von Sinope suchten sogar im Bunde mit dem Gross-Komnenen von Trapezunt, der ein Anrecht auf die Klimate zu haben glaubte, in Taurien festen Fuss zu fassen; ihr Angriff auf Caffa ward abgeschlagen (1313). Der Einfluss der Genuesen und Latiner auf die tatarischen Herren von Sǫlqat (Solcati im „officium Gazariae" a. 1290. 1315, Σουλχάτιον bei Panaretos; dazu Köppen, Kr. sb. S. 341—346) gestaltete sich immer mächtiger; auch die christlichen Glaubensboten verkehrten ungehindert auf ihrem Gebiete. Der Weg nach Innerasien war über die Krym nicht nur kürzer, sondern auch sicherer als der über Armenien, wie Joannes de Monte Corvino, Bischof von Cambalich (Peking), a. 1305 bemerkt: *„per terram Gothorum* Imperatoris aquilonarium Tatarorum est via brevior et securior". Wenden wir unsere Aufmerksamkeit den kirchlichen Verhältnissen Taurien's zu!

Wie wir aus Episkopatverzeichnissen, den Conciluntersschriften und gelegentlichen historischen Notizen erfahren, gab es hier seit Alters griechische Metropolitansitze in Cherson, Bosporos, Sugdaia (mit Phulla) und in Gotia. Die älteren Zeugnisse für den gotischen Stuhl kennen wir bereits; ὁ Γοτθίας ἀρχιεπίσκοπος wird ferner bezeugt a. 1066. 1143. 1147. 1156 (ὁ εὐτελὴς ἀρχιεπίσκοπος Γοτθίας Κωνσταντῖνος). 1292 (Σωφρόνιος Γοτθίας) u. s. w. Eine Folge des latinischen Einflusses und der Missionen war das Entstehen katholischer Kirchen in Taurien; in Caffa zumal wird seit 1300 wiederholt ein katholischer Bischof erwähnt; die Kathedrale war dem hl. Petrus geweiht. Im Jahre 1333 errichtete Papst Johannes XXII. in Bosporos einen erzbischöflichen Stuhl und die Kirche zum Erzengel Michaël, ferner in Cherson ein Bisthum mit der Kirche des hl. Clemens; seither standen unter dem Erzbisthum Vospros folgende fünf Suffragankirchen: „Cersonensis, Trapezondensis, Sevastopolensis (an der abchasischen Küste), Caphensis et Peyrensis (Pera, gegenüber von Galata)"; im Jahre 1350 ernannte Papst Clemens VI. auch einen

Bischof „ in *Matrica et Zicchia*". Den Anlass zur Stiftung eines katholischen Metropolitansitzes „in loco de *Vospro* sito in terra *Gazariae*" gaben die Erfolge des Predigerordens; kurz vor 1333 waren zwei mächtige Stammeshäupter in Vospro, nämlich *Versuch rex Ziccorum* (vgl. den Čerkessen *Berzebuch* dominus Coparii, Brunn p. 52 a. 1462; Giorgio Interiano sagt: „Zychi aggiungono sempre a quel nome *uc*, come a Pietro *Petruc*") und *Millenus* princeps *Alanorum* (vgl. os. *lümän* „Freund"), von der griechischen Kirche zur katholischen übergetreten und in ganz Gazaria waren viele Schismatiker bekehrt worden. Für uns ist das Breve vom 5. Juli 1333 „fratri Richardo Anglico" (Raynald tom. XV; Theiner, Monum. Polon. et Lithuan. I, p. 347) interessant, weil darin vom Gotenland die Rede. „Wir haben erfahren, sagt Johannes XXII., quod in terra *Gotthiae* diffusā et populosā, quae consistit in partibus Orientis, antiquis temporibus lex viguit celebriter christiana, sed a crescente malitia temporis cessavit proh dolor ibidem observantia dictae legis, ipsiusque terrae incolae in infidelitatis caecae tenebris deviantes sese diversorum errorum nexibus involverunt, effecti schismatici communiter et potenter; quodque in diversis locis et partibus circumpositae regionis vastae quidem et diffusae, multisque illam colentibus copiose, pio devoto ac laborioso ministerio fratrum praedicatorum et minorum ordinum multitudo dictorum hominum ad veram lucem conversa fore dignoscitur, et iugiter succedit conversio eorum". Der Bestand der katholischen Kirche „in loco *Cersonae* sito in terra Gotthiae" war jedoch nicht von langer Dauer; namentlich der Kriegszug Olgerd's, des Fürsten von Litauen, im Jahre 1363 hat die alte Handelsstadt empfindlich betroffen und viele Kirchen sollen damals zerstört worden sein.

Indessen gewannen die Genuesen immer mehr Terrain auf der Halbinsel; im Jahre 1365 erwarben sie von den Tataren Soldaia und 18 benachbarte Orte; in Cembalo (Σύμβολος, j. Balaklawa) nahm ein genuesischer Consul Platz, der allmälig seinen Einfluss auf Gotia auszudehnen strebte. Im Jahre 1380 wurde dem Consul von Caffa von Elīas oder Čerkess-beg nicht nur das Besitzrecht der „XVIII vici" von Soldaia bestätigt, sondern auch der Besitz von Gotia zugesprochen (vgl. Silvestre de Sacy, Notices et extraits T. XI 1827. p 52 sq.): „*la Gotia* cum li soy casay e cum lo so povo, li quay sun cristiani, da lo *Cembaro* fin in *Sodaya*, sea de lo grande comun, et sean franchi li sovrascriti casay, lo povo cum li soy terren cum le sue aque". Des „capitaneatus Gotiae" wird in den Urkunden allerdings erst später gedacht; im Jahre 1429 z. B. war Baptista de Gandino „capitaneus in Gotia", im Jahre 1448 Baptista Marchexano (vgl. Canale, sulla Crimea I, 306). Wahrscheinlich haben die trapezuntinischen Herrscher an einzelnen Punkten der περατεία ihr Besitzrecht ausgeübt. — Nach dem Siege Timur's über Toqtamyš und nach der Einnahme Tana's machte sich die Gewalt des mongolischen Eroberers auch in Taurien fühlbar; wir haben einen Freibrief (1397), worin Timur „in Kirim, im Bezirk von Qirq-Yer und in der Umgebung von Sudak" zwei Edle zu Tarchanen einsetzt.

In den Anfang des 15. Jahrhundertes (— 1427) fällt die Reise des biederen Münchner Bürgers Johann Schiltperger. Er nennt (cap. 36) *Sulchat*, die Hauptstadt des Landes Kipčak, wo man allerlei Getreide baue. Wie im Alterthum, so war auch noch damals die östliche Krym eine Kornkammer für die östlichen Länder. Blieben die Getreideladungen aus, wie z. B. im Jahre 1342 fgg., als Džani-beg Caffa belagerte, so trat in ganz Romania Hungersnoth ein (Nikeph. Greg. XIII, 12). Ausführlich beschreibt Schiltperger *Kaffa* und zählt ausser den Heiden „sechserley gelouben" auf, Christen römischen, griechischen, armenischen und syrischen Glaubens, und zweierlei Juden (Keraïm und Talmudisten). Zuletzt bemerkt er: „item es haist ain stat *Karckeri*, die hat ein guts land, das haist *Kuthi;* aber die haiden haissents *That*, und es sind Kristen in kriechischem gelouben dorinne, und hat gut winwachs, es ligt by dem schwartzen mer, und in dem land ist Sanct Clement versenkt worden in das mer, by ainer stat, genant Seru-cherman in haidnischer sprauch (Sari-kermān bei Abulfeda, Sari-germen „arx flava" bei Broniovius 1578, d. i. Cherson)". Für Kutbi steht im Text *Sudi,* wobei man an Σουγδαία oder Sodaia denken könnte, zumal die Umgegend von Sudak noch jetzt den meisten Wein liefert; gleichwohl wird jene Verbesserung unabweislich, wenn wir cap. 56 vergleichen: „die sechst sprauch ist *Yassen*-sprauch, und die haiden heissents *Afs;* die siebent *Kuthia*-sprauch, und die haiden haissents *That*; die acht *Zygun,* und die haiden haissents *Tscharkas*". Karckeri ist Qirq-Yer „die vierzig Orte" zwischen Sudak und Balaklawa. *Kuthia* ist Γοττθία, nach armenischer und tatarischer Aussprache *Kuth* oder *Kut;* die Bezeichnung *tat* (türk. „fremdes, unterworfenes Volk" u. s. w.) haben wir im ersten Abschnitt erörtert und gefunden, dass die Mariupoler Ansiedler aus Taurien sich noch jetzt so benennen und dass früher die hypsokephale blonde Bevölkerung auf der Südspitze der Halbinsel von den übrigen Tataren ebenso bezeichnet wurde. Schiltperger weiss nichts von der deutschen Beschaffenheit der Kuthia-sprauch; er hat eben nur Kaffa besucht und von den Kuth nur aus dem Munde von Armeniern oder Tataren Kunde erhalten.

In die Mitte desselben Jahrhundertes (1436—1452) fällt der Reisebericht des Venezianer's Josaphat Barbaro, enthalten in „Viaggi fatti da Vinetia alla Tana, ed. Ald. 1545". Herr von *Gazzaria* oder der „isola de Capha" (p. 16ᵇ) mit dem Sitze in *Surgathi* (Solqat, Eski-Krym) war Hadži-Geraï's Sohn Ulu-bei. Ausser *Cherz* (*Kerz* schon im Briefe des Chazarenfürsten Josef, tat. *Kereč*, russ. *Korčew*), dem alten *Vospro*, nennt Barbaro unter den befestigten Orten *Cherchiarde*, „che nel lor idioma significa *quaranta luoghi*" (p. 17ᵃ). Wir finden bei ihm ferner bestätigt, was Ruysbroek vor fast 200 Jahren erfuhr: die Goten hatten ihre Sprache bewahrt und diese wurde von einem Deutschen leicht verstanden! Er sagt (p. 18ᵇ): „dietro dell' Isola de Capha d'intorno ch'è sul mar maggiore, si trova la *Gotthia* e poi la *Alania. Gotthi parlano* in *Todesco*, & so questo, perche havendo un fameglio Todesco con mi, parlavano insiome, & intendevansi assai ragionevolmente, *cosi come si intenderiano un Furlano & un Fiorentino*". In der nächsten Nachbarschaft der Goten sassen die Steppen-Alanen, die wir schon im Jahre 1223 und dann bei Abulfeda (1321) oberhalb Cherson bezeugt fanden; ihr Gebiet erstreckte sich nach Barbaro längs der pontischen Küste bis zum Dnēster-limán: „la *Alania* và per la isola verso *Moncastro*" (i. e. Maurocastro); er sagt ferner (p. 4ᵃ): „li *Alani* nella lor lingua si chiamano *As;* questi erano Christiani & furono scacciati & destrutti da Tatari". Sie sprachen damals vielleicht schon tatarisch (kumanisch); einen ihrer qurghāne beschreibt er unter dem Namen *Contebe* (χan-täpä „Fürstenhügel"). Den Namen *As* kennt auch Ruysbroek (p. 252): „Alani sive *Aas*, qui sunt Christiani et adhuc pugnant contra Tataros", ferner Plan-Carpin (p. 709) „Alani sive Assi" und, wie wir gesehen haben, Abulfeda. Ihre Verbreitung bis gegen die Moldau hin bezeugt auch Michaël Dukas cap. 45, p. 345 (a. 1462), wenn er berichtet, dass der Woiwode der Wlachen beim Anzug der Türken seine Leute und sein Vieh verborgen habe ἐν τοῖς ὁρίοις τοῖς πρὸς Ἀλανοὺς καὶ Οὔννους. Indessen heissen die Kumanen selbst auch *Valani* bei Ruysbroek (p. 426), und *Ulan* (türk. *oghlán, owlán* „Bursche") nannte sich ein Stammhaupt und eine Horde der Kumanen; daher unsere „Ulahnen". — Auf die spanischen *Catalanen* anspielend bemerkt Barbaro: „da queste vicinia de *Gotthi* con gli *Alani* credo che sia derivato il nome de *Gotthalani*". Alanische Sprachelemente werden uns in den gotischen Glossen Busbeck's begegnen.

VI.

Im 15. Jahrhundert concentrirt sich das historische Interesse, von Caffa abgesehen, vorzugsweise um die Veste *Mángup* (Mánkup, Mánkub), deren Ruinen, im Thalgebiete des Kabartaflüsschens mitten zwischen Balaklawa und dem auf Batu's Befehl im Jahre 1252 erbauten Baghdže-saraï gelegen, von den Reisenden oftmals beschrieben worden sind (vgl. Pallas Bemerkungen etc. II S. 103 fgg., Murawiew-Apostol's Reise, Montandon p. 227, Köppen Kr. sborn. S. 276—279 u. a.). Wahrscheinlich ist diese Veste eine Gründung der Kumanen; der Name ist türkisch (vgl. *mang* „Antlitz, Mund" 2. „Streit, Schlacht" *kup* „viel" 2. „Topf" 3. (?) „Anhöhe"; vgl. die krym'schen Orte Mang-kermén und Sure-kup) oder mongolisch (*Manggut*, plur. v. *manggun*), wenngleich die etymologische Deutung schwer sicherzustellen ist. Wir finden den Ort in dem Briefe des Chazarenfürsten a. 963 neben *Kut* (Γοττ.Θία) genannt, unzweifelhaft eine Zuthat aus späterer Zeit. Dann in der russischen Barchatnaja kniga cap. 36 (Köppen, Kr. sborn. S. 291 Nr. 432) in der Zeit des Dimitrii Joannowič Donskii (1362—1389), wo davon die Rede, dass ein Grieshe „knjaz Stefan Wasiljewič" aus seiner Heimat „iz Sudaka, da iz *Mankupa*, da iz Kafy" nach Russland kam und Urheber einer angesehenen Familie wurde. Das nächste Zeugniss geht in das Jahr 1396 zurück: *Olgerd*, Feldherr des Litauerfürsten *Witowt*, schlug damals am Don drei Tatarenführer, aus der Krym, von Kirkel (Qyrq-ïer) und von *Manlop* (Mancop), vgl. Schlötzer Nord. Gesch. II, S. 109; ein ähnlicher Sieg wird bereits (a. 1363) dem Fürsten *Olgerd* selbst zugeschrieben, und einer der drei Hordenführer, offenbar der aus Mangup, führt den griechischen Namen Demetrios (vgl. Bruun, Gazarie p. 50). In byzantinischen Quellen begegnet Μαγκόπιον gar nicht; aber es sind alle Gründe dafür vorhanden, dass der Ort Θεόδωροι, welchen wir bald kennen lernen werden, nicht, wie Thunmann u. A. annehmen, auf In-kermán, sondern, wie Ph. Bruun (Gazarie p. 72 fgg.) nachweist, auf *Mángup* zu beziehen ist. Warum die Griechen Mangup so benannt haben, ob dem heiligen Theodoros und der Theodora zu Ehren (vgl. das bei Mangup an der Quelle der Šula gelegene Aï-Todor ἅγιος Θεόδωρος, ferner Cap Aï-Todor u. a.) oder zum Andenken an irgend welche palaiologische Prinzen,— ist nicht bekannt. Unter den Kaisern Joannes V. (1341—1391) und Manuel (1391—1425) hat wahrscheinlich der byzantinische Machteinfluss über einen sehr beschränkten Theil Taurien's mit Unterstützung des Kleros und des griechischen Bevölkerungselementes wieder Stellung gewonnen; wenigstens berichtet Michaël Dukas (cap. 23), dass der vierte Sohn Manuel's Konstantinos τὰ Ποντικὰ μέρη τὰ πρὸς Χαζαρίαν als Erbgut erhalten habe. In das Jahr 1427 fällt eine Inschrift, welche in Šably sw. v. Symferopol gefunden wurde (C. I. Gr. Nr. 8742, Köppen Kr. sb. S. 218) und folgenden Wortlaut enthält: ἐκτήσθη ὁ ναὸς οὗτος σὺν τὸ εὐλογημένῳ κάστρο, ὃ νῦν ὁρᾶται, ὑπὸ ἡμετέρου κυροῦ Ἀλεξίου αὐθέντου πόλεως Θεοδώρου(ς) καὶ παραθαλασίας καὶ κτήτορος τῶν ἁγίων ἐνδόξων θεοστέπτων μεγάλον βασιλέων καὶ εἰσαποστόλων Κωνσταντίνου καὶ Ἑλένης, μηνὶ ὀκτωβρίῳ ἰνδηκτηόνος ἕκτης ἔτους (zu ergänzen 6936, d. i. n. Chr. 1427). Alexios, der Herr von Theodoroi und der Meeresküste, hat also in diesem Jahre ein Castell und zu Ehren der apostelgleichen Heiligen Konstantinos und Helena eine Kirche errichtet, und zwar, aller Wahrscheinlichkeit nach, in Theodoroi selbst, d. i. in Mankup. Ausdrücklich berichtet Broniovius, welcher im Jahre 1578 die Ruinen von Mankup besucht hat, von einer Kirche des heiligen Konstantin daselbst: „*Mancopia* civitas ad montes et silvas magis porrecta et mari iam non propinqua arces duas in altissimo saxo et peramplo conditas, templa Graeca sumptuosa & aedes, plurimos rivos qui ex saxo decurrunt limpidissimos & admirandos habuit. XVIII annis post, quam capta est ab Turcis, incendio quodam penitus deleta est, ut Christiani Graeci perhibent. *templum Graecum S. Constantini* & alterum S. Georgii humile admodum *nunc reliquum est*". Er berichtet weiter: „in templis illis Graecis in parietibus effigies et habitus exornati Imperatorum & Imperatricum earum, ex quorum sanguine eas ortas et prognatas fuisse apparent". — Jetzt verstehen wir auch die Nachricht, die wir bei Panaretos (chron. Trapez. cap. 57) zum November des Jahres 1426 finden: ἦλθε καὶ ἀπὸ Γοτθίας ἡ βασίλισσα, κῦρα Μαρία, ἡ τοῦ κῦρ Ἀλεξίου ἐκ τῶν Θεοδώρων θυγάτηρ. Maria, die Braut des damaligen Gross-Komnenen, war also die Tochter des Alexios, des Herrschers von

Gotthia, der in Theodoroi seinen Sitz hatte. Für dieselbe Zeit wird uns bezeugt ein Bischof *Δαμιανὸς μητροπολίτης πόλεως Θεοδωροῦς καὶ πάσης Γοτθίας* (Kunik S. 129 nach Strukow's „o drewne-christianskich pamjatnikach w Krymu" Moskau 1872). In genuesischen Berichten wird jener Alexios noch in den Jahren 1433/34 erwähnt, als ein Vasall und Waffenverbündeter des den Genuesen damals feindlich gesinnten Chan's Hadži-Gereï; vgl. Georgii Stellae Annales Genuenses (Muratori, R. I. Scr. tom. XVII, p. 1311): „a. 1433 castrum *Cimbaldi*, quod erat de potentatu Communis Januae, opera quorumdam Graecorum burgensium castri illius coniuratione facta datum est in potestatem cuiusdam nobilis de Graecorum progenie, qui vulgo *dominus de lo Tedoro* dictus est et proprio nomine *Alexius* vocatus est"; ebenso Giustiniani (Annali di Genoa p. 191) „uno nobile Greco nominato *Alessio signor del Thedoro*, che e luogo vicino al *Cembalo*" und Folieta (Graevii Thes. ant. It. I). Mit Mühe gelang es dem Admiral Carlo Lomellino, Symbolos wieder einzunehmen und Sodaya zu schützen; dagegen misslang der Sturm auf Solqat völlig.

Im Jahre 1446 rüstete der Türkensultan Murad II. eine starke Flotte aus, die von Sinope und Trapezunt ihren Lauf ἐπὶ Γοτθίαν nahm (Chalkokondyles V. p. 261): οἱ Τοῦρκοι ἐπὶ τοὺς Γότθους ἀφικόμενοι ἐλεηλάτουν τὴν χώραν, ἀνδραποδισάμενοι οὐκ ὀλίγην. Doch gieng der Sturm ohne weitere Folgen vorüber. Im Jahre 1447 war Phrantzes in Constantinopel und verhandelte mit dem Kaiser betreffs Trapezunt καὶ περὶ τῆς Γοτθίας (Phr. II, 19, p. 203). Constantinopel bevölkerte Sultan Mohammed bald nach der Einnahme (Juni 1453) mit Ansiedlern aus Trapezunt, Asprokastron, ἔκ τε τοῦ Καφᾶ (Phr. III, 11 p. 308). Im Jahre 1456 finden wir *Olobey* als *signore di Teodoro* erwähnt. Im Jahre 1472 wird urkundlich, *Isaik* (Ἰσάκιος) im Besitze von *Teodoro* bezeugt. In den russischen Jahrbüchern begegnet uns gleichzeitig (Karamzin VI, 87. 89 No. 125) ein „knjazь Mangupskii Isaiko", der seine Tochter dem russischen Prinzen Joan Joanowič zur Ehe angeboten hatte; die Verhandlungen leiteten der reiche Jude Chozi-Kókkos in Kaffa und der russische Abgesandte Nikita Beklemišew (1474); im folgenden Jahre wurde aus Moskau Alexeï Starkow abgeschickt, um Isaiko Geschenke einzuhändigen und die Verhandlungen zum Abschluss zu bringen; aber er kam zu spät. Eine türkische Flotte unter dem Vezir Achmed war bei dem Vorgebirge Posidinia erschienen und bombardierte Kaffa sechs

Tage lang. In der Relazione della prese di Caffa (Canale III p. 346 sqq.) ist auch die Rede von der Vertheidigung der Gotenburg gegen die türkische Landmacht: „l'armata era a campo a un castello fortissimo della *Gotia*, che si chiama *Teodoro*, dove si trova il signore della *Gotia* con 300 valacchi, e gli ha dato cinque battaglie ordinate e non l'ha potuto ottenere, perchè e fortissimo, come l'ho detto, e non vi si può entrare se non da uno luogo". Nichtsdestoweniger fiel die Veste in die Gewalt der Türken, vgl. Historia politica Constantinopolis 1391—1578 (vol. XXXI der Bonner Ausgabe d. Byz.) p. 48: ὁ σουλτὰν (Μαχουμὲτ) ἔλαβε τὸν Καφᾶν, τοὺς Θεοδώρους, τὴν Γοτθίαν καὶ πᾶσαν τὴν περίχωρον ἄνευ πολέμου τινός. An Toparchen und Stammeshäupter gotischer Abkunft ist in dieser Zeit nicht mehr zu denken; jener Isakios, der Herr von Theodoroi-Mángup, der sammt dem krym'schen Tataren-Chan Mangly-Ghéraï in die Gefangenschaft abgeführt wurde, war ein Grieche; die gotische Bevölkerung war seit längerer Zeit den griechischen Herren dienstbar geworden, sie war immer mehr verbauert; jene 300 valacchi („Hirten"), welche die Veste vertheidigten, sind eben Goten gewesen. In Mángup finden wir noch längere Zeit hindurch griechische Commandanten unter türkischer Herrschaft; vielleicht setzten Mohammed und Bajazed II. die Stammhäupter wieder in ihre Würde ein. Zu Ende des Jahres 1512 schickte Sultan Selim den „knjazь Mangupskii Kemal-bi" (Karamzin VII, Nr. 105, Nikon's Jahrb. VI, 195) mit dem russischen Gesandten Alexejew nach Moskau; *Kemal* oder *Kamala* (arab. türk. „Vollkommenheit", dazu türk. *bi*, *beg* „Herr") nennt sich in einem Briefe an Georgios Tarchaniotes Θεοδωρίτης, d. i. aus Theodoroi stammend; diess die letzte Erwähnung des Namens. Im Jahre 1522 erschien in Moskau Sultan Soliman's Abgesandter „knjazь Mangupskii Skinderь" (d. i. Iskander, Ἀλέξανδρος Karamzin VII, Nr. 233. 235 sq. 298), wahrscheinlich nicht mehr aus griechischem Geschlechte, sondern ein Vollblut-Türke, wie unter Dewlet-Ghéraï Mahmutь aga Mangupskii (Karamzin IX, Nr. 252).

Hören wir, was in der Folgezeit über den Fall von Mangup verlautet hat. Am werthvollsten ist des Martinus Broniovius, Stefani I. Poloniae regis legatus, Bericht in dessen „Tatariae descriptio" (a. 1578, ed. Colon. Agripp. 1595 p. 7): „*Mancopia* seu *Mangutum*, ut Turcae vocant, est arx et oppidum. (Es folgt die Stelle über die Ruinen der Befestigungen und der Kirchen, die wir bereits oben mitgetheilt haben.) Presbyter Graecus unicus, Turcae et Judaei aliquot ibi habitant, cetera in ruinas versa sunt. a presbytero Graeco homine iam annoso, probo et non rudi, quem ibi vidi, accepi, quod paulo ante civitatis eius a Turcis obsidionem *duces quidam duo Graeci, quos Constantinopolitanorum vel Trapezuntii Imperatorum sanguinis fuisse certe apparet, patruus et nepos*, ibi mansissent. Graeci vero Christiani non multis tamen annis eam inhabitavere ac paulo post ab infideli et immanissima Turcarum gente civitas illa fide eis data et violata erepta fuit. (p. 8) *duces illi Constantinopolitani* vivi abducti a Turcarum imperatore *Selim* abhinc annis CX (?) trucidati sunt". Wir finden also bestätigt, dass, wie die krym'schen Chane in ihrer Herrscherwürde belassen wurden, so auch die griechischen duces von Mankup noch einige Zeit ihr Dasein fristeten, bis ihnen Selim (1512—1520) das Ende bereitete. Viel sagenhafter, obwohl der Zeit nach früher fallend, lautet der Bericht des medicinae doctor et canonicus Cracoviensis *Mathias a Michov* in dem a. 1517 verfassten Buche „de Sarmatia Asiana atque Europaea" (Novus orbis ed. Grynaeus, Basileae 1555), worin das elfte Capitel des ersten Buches den Goten gewidmet ist; was für verschwommene Ansichten der Verfasser über die Goten besass, erkennen wir aus der Bemerkung (p. 449): „*Polovci* fuerunt gentes secundum latus septemtrionale Euxini maris commanentes ultra paludes Maeotidis, quos alii *Gothos* appellant"; vielleicht hat dabei der Anklang von Gozzi (byz. Οὖζοι) oder der Name des Dnjeper *Uzū* mitgewirkt. Der Bericht nun lautet (p. 461): „Gothorum reliquias Tatari ab oriente supervenientes in toto deleverunt; sed et civitates castraque demoliti sunt, ut solum in Taurica insula Gothi residui reperirentur. verum Januenses ex Italia Theodosiam seu Caffam urbem famosam in Taurica insula sub ipsis obtinuerunt et coloniam fecerunt. tandem Tatari de familia *Ulanorum* per portam septemtrionalem insulam ingressi totam cum oppidis pagis et campis occupaverunt, *ducibus de Mancup*, qui generis et linguae Gothorum fuerunt, dumtaxat Mancup retinentibus. postremo Mahumet octavus Turcorum Imperator (1451—1481), avus moderni Selam-beci Imperatoris (1512—1520), Tauricam comprehendit, Caffam expugnavit, Tataros Perecopenses seu Ulanos cum toto Chersoneso homagiales sibi fecit et ultra insulam ad septemtrionem castrum *Asau* in ripa Tanaïs incastellavit. *binos quoque duces et fratres de Mancup*, unicos Gothici generis et linguagii superstites ad spem gregis Gothorum prolificandorum, gladio percussit et castrum Mancup possedit. sic Gothi penitus exstincti sunt nec eorum genealogia amplius comparet". Falsch ist sicherlich die Angabe von der gotischen Abkunft der duces von Mankup — denn diese waren Griechen; anderseits ist die Meinung von dem gänzlichen Erlöschen der Goten unbegründet. Mit Recht hat daher Konrad Gessner, der offenbar aus Mathias von Michov schöpft, wenigstens die letztere Meinung berichtigt (Mithridates, Zürich 1555): „Ostrogothi Tauricam Chersonesum usque in hodiernum diem inhabitant; semper hi *montana*, licet sub tributo, possederunt. superfuere et ad aetatem usque nostram *duces Gothorum nobilissimi de Mancup*, qui castrum Mancup semper a Tatarorum vi defenderunt, donec Mahumet Turcorum Imperator Caffam expugnavit Tatarosque ac peninsulam suo subiecit imperio; tum et castrum Mancup cepit ac duos fratres de Mancup gladio percussit, in quibus et tota Gothorum illorum nobilitas cessavit. *Gothi vero, qui adhuc in montibus supersunt, vineas colunt et inde vitam sustentant*". Gessner hat sicherlich aus irgend einem Reisebericht erfahren, dass noch zu seiner Zeit Ueberreste der Goten in Berg-Taurien vorhanden waren.

Die interessanteste Nachricht über die taurischen Goten kommt uns aus dem Jahre 1562, also 16 Jahre vor Broniovius, kurz vor dem gänzlichen Verschwinden des Gotennamens. Wer würde nach Allem, was wir bisher vernommen haben über die Stürme, welche auf der Halbinsel ausgetobt haben, über die zahllosen Berührungen mit fremden und meist feindlichen Stämmen, denen die kleine Gotenschaar seit mehr als einem Jahrtausend ausgesetzt gewesen, es für möglich halten, dass ein so spärlicher Bruchtheil germanischer Nation seine Eigenart, seine Sprache rein und unberührt bis in die Zeit der türkischen Oberherrschaft erhalten habe! Wir hätten meinen können, dass höchstens der althistorische Gauname Γοτθία dem Territorium verblieben sei, nachdem die ehemaligen Goten selbst allmälig verschwunden oder in Griechen und Tataren vollständig aufgegangen wären. Und doch kommt uns jene Thatsache nicht unvorbereitet; sie kann uns nicht überraschen, nachdem wir gehört, dass der Franciskaner W. de Ruysbroek (1253) unter den Sprachen Berg-Taurien's auch das „idioma Teutonicum" vorgefunden, dass der Münchner Schiltperger (c. 1410) von einer besonderen „*Kuthia-sprauch*" Kundé eingezogen und dass der deutsche Diener des Venezianers Josofat Barbaro (c. 1450) sich mit Goten hat verständigen können, wobei der

Unterschied nicht grösser befunden wurde als der zwischen der Sprache Toscana's und dem Furlaner-Dialekte. Dem kaiserlichen Gesandten an der Pforte, Ogier de Bousbecque, ist es während seines Aufenthaltes in Stambul (1557—1564) geglückt, die letzten Spuren von dem Dasein der Goten und ihrer Sprechweise zu erkunden und der Nachwelt zu überliefern. Der Werth mancher von ihm aufgeschriebener Sprachproben ist allerdings ein sehr fraglicher; wir dürfen von Busbecke nicht eine besonders *genaue* Wiedergabe des Gehörten erwarten; vor allem die zuerst mitgetheilten Worte scheint der Niederländer, durch den Schein verleitet, seinem eigenen Dialekte angepasst zu haben. Ein geübter Sprachforscher heutigen Schlages hätte sicherlich gewichtige Unterschiede in Laut und Form wahrgenommen, die den Worten eine wesentlich andere Gestalt aufgedrückt hätten, und hätte Anstand genommen, das Gehörte dem modernen Idiome anzupassen. In späterem Verlaufe bietet jedoch der Berichterstatter Worte, die er unmöglich hätte erfinden können; Worte, die sich in dem erst später genauer bekannt gewordenen „codex argenteus" in ähnlicher Gestalt wirklich vorfinden; Worte, welche die Untrüglichkeit seiner Aufzeichnungen unwiderleglich darthun.

Busbecke berichtet in seiner vom 16. December 1562 datirten Epistola IV Folgendes (Augerii Gislenii Busbequii Ducis legationis Turcicae epistolae quatuor, Parisiis 1589 p. 136 sqq.; ed. Francofurti 1595 Hanoviae 1605. 1629 Monaci 1620 Lipsiae 1689 Lugd. Bat. 1633. 1660 Basileae 1740; der Verfasser starb 1592): „Non possum hoc loco praeterire, qua de gente accepi, quae etiamnunc incolit Tauricam Chersonesum, quam saepe audiveram sermone, moribus, ore denique ipso et corporis habitu originem Germanicam referre. itaque me diu cupiditas tenuit videndi ab ea gente aliquem et, si fieri posset, inde eruendi aliquid, quod ea lingua scriptum esset, sed hoc consequi non potui. casus tamen utcunque desiderio meo satisfecit. cum essent duo huc illinc delegati, qui nescio quas querelas nomine eius gentis ad principem deferrent, meique interpretes in eos incidissent, memores quid eis mandassem, si id usu veniret, ad prandium illos ad me adduxerunt. *alter* erat procerior, toto ore ingenuam quandam simplicitatem prae se ferens, ut Flander videretur aut Batavus: *alter* erat brevior, compactiore corpore, *colore fusco*, ortu et sermone Graecus, sed qui frequenti commercio non contemnendum eius linguae usum haberet. nam superior vicinitate et frequenti Graecorum consuetudine sic eorum sermonem imbiberat, ut popularis sui (sermonis) esset oblitus. interrogatus de natura et moribus illorum populorum, congruentia respondebat; aiebat *gentem esse bellicosam, quae complures pagos hodieque incoleret*, ex quibus Tatarorum regulus, cum expediret, octingentos pedites sclopetarios scriberet, praecipuum suarum copiarum firmamentum: *primarias eorum urbes alteram Mancup* vocari, alteram *Scivarin*". Mankup kennen wir bereits; Scivarin ist offenbar das heutige Böjük- und Küčük-*Siwrén*, ein Flecken an der mittleren Kabarta nördlich von dem verfallenen Mangup-kalé, unterhalb *Siwri-taš* („Spitz-Fels", türk. *siwri* „spitzig"); vgl. *Sivirenda* bei Jean de Luca (Thevenot, Relations p. 18) und Köppen, Krymskii sbornik S. 291—295. Die Goten stellten also dem Tataren-Chan in gleicher Weise Soldaten und Hilfsvölker, wie vormals den Chazaren. Vielleicht ist auf tatarisirte Goten zu beziehen die Angabe des Dominikaners Jean de Luca: „les *Canluci*, qui sont les domestiques du roy, demeurent dans les creux ou cavernes des montagnes; là est une ville imprenable, nommée *Mancup*, bastie sur une montagne, qui est habitée de Juifs; le gouverneur est Tatare". Im Türkischen bedeutet *qanluq*, *qanly* „sanguineus, ardore bellico praeditus"; in einem genuesischen Document vom Jahre 1449 begegnet ein Dienstmann Hadži-Géraï's Eminek-bey „*titanus* seu *vicarius Canluchorum*"; hier ist *titanus* die chazarische Würde des *tutun* (τούδουνος). Ueber die gotische Benennung *cadariou* „miles" s. u. — Busbecke theilt dann die Aussage des röthhaarigen Taurier's, welcher sich die gotische Sprache zu eigen gemacht, über die Tataren der Krym, deren Sitten und Geistesanlagen u. s. w. mit und fügt die erkundeten gotischen Wortproben an.

„Nunc abscribam pauca vocabula de multis, quae Germanica reddebat. nam haud minus multorum plane diversa a nostris erat forma, sive quod eius linguae natura id ferat, sive quod eum fugiebat memoria et peregrina cum vernaculis mutabat; omnibus vero dictionibus proponebat articulum *tho* aut *the*. *nostratia* aut parum differentia haec erant" (— wir fügen gleich die nöthigen Vergleiche bei, damit der Leser die Aehnlichkeit und den Abstand des krym'schen Dialektes ermessen könne, und benützen hiebei die Aeusserungen Massmann's, Diefenbach's Förstemann's u. A.; nur wo wir Neues zu bieten glauben, bemerken wir es ausdrücklich —): *broe* panis (*oe* niederländ. Schreibweise statt *û* got. *au;* der Dental

im Auslaut abgeworfen wie in *hoef* caput? altn. *braudh* ags, *breád* mhd. *brôt;* die Sprache Vulfila's hat für „Brod" nur *hlaifs*.)
plut sanguis (wahrscheinlich ungenau wiedergegeben statt *bluth* trotz langobard. *plod* ahd. *pluot,* vgl. got. *blôth* altn. *blôdh* engl. *blood* u. s. w.).
stul sedes (got. *stôls* ags. *stôl* ahd. *stuol;* der Vocal wie im Nhd. und in dem entlehnten russ. *stulь* böhm. *stul;* hier wie sonst Abfall des nominativen — *s*).
hus domus (got. *hûs* in *gud-hûs,* altn. alts. ahd. *hûs*).
wingart vitis (got. *veina-gards* mhd. *win-gart* „Weingarten". Gessner bemerkt: „Gothi, qui adhuc in montibus supersunt, *vineas* colunt et inde vitam sustentant"; Schiltperger über Kuthia: „das land hat gut winwachs"; die taurische Südküste erzeugt bekanntlich auch heutzutage vielen und guten Wein; dasselbe war ohne Zweifel schon im hellenischen Alterthum der Fall. Hiessen die Goten etwa die Krym selbst *Veinagards?* Bei Synesios ep. 18 p. 300 begegnet uns die Bezeichnung gotischer Söldner Οὐννιγάρδαι, wofür bei Suidas Zonaras u. A. richtiger Ὀϊνγάρδαι oder Οὐϊνγάρδαι geschrieben steht. Für „vitis" vermuthen Massmann u. A. „vinea"; doch lässt sich die von Busbecke angegebene Bedeutung stützen durch die Analogie von•altslaw. und russ. *winogradь* mit der Bedeutung ἄμπελος, vitis.)
reghen pluvia (*gh* für *g* niederländ. Schreibweise; got. *rign* altn. *regn* n., alts. *regan* ags. *regn* mhd. *rëgen* m.; in der Schlusssilbe stummes *e* wie in den Infinitivformen).
bruder frater (*d* im Inlaut für got. *th* auffallend; got. *brôthar* altn. *brôdhir* alts. *brôdhar* ags. *brôdhor* mhd. *bruoder* u. s. w.).
schwester soror (der Anlaut *schw* für got. *sv* ist eine Eigenheit des krym'schen Dialektes, vgl. *schwalth* mors, *schwos* sponsa; ähnlich *schlipen* dormire. Der Stammvocal *e* für got. *i* auch sonst; got. *svistar* ahd. *swëstar* mhd. *swëster* „Schwester").
alt senex (got. *altheis,* Thema *althja* — ; alts. *ald* ahd. mhd. *alt*).
wintch ventus (got. *vinds* alts. *wind* u. s. w.; ist etwa *wintsch* zu schreiben, wie *rintsch* mons? Sollte der krym'sche Dialekt in Dentalstämmen das nominative — *s* bewahrt und zu *sch* verdichtet haben?)
silvir argentum (got. *silubr* altn. *silfr* engl. *silver* n.; *b* zu *v* entwickelt wie in *sevene* „sieben").

goltz aurum (got. *gulth* alts. ags. ahd. *gold* n.; hier entspricht krym. *tz* direct gotischem *th*, wie auch in *tzo* „du"; vgl. zu *statz* terra).
kor triticum (mit Abfall des *n* nach *r*, wie in *baar* puer; got. *kaurn* altn. alts. mhd. *korn* n.).
salt sal (got. altn. alts. engl. *salt* ahd. mhd. *salz* n.).
fisct piscis (*t* im Auslaut ohne Analogie, wahrscheinlich Druckfehler für *h*, da auch in *schieten* mittere sagittam *sch* got. *sk* entspricht; got. *fisks* alts. *fisk* ags. ahd. *fisc* m. „Fisch").
hoef caput (auch hier *oe* niederl. Schreibung für *û* got. *au;* die Endsilbe — *ith* unterdrückt, wie der Schlussdental in *broe* panis; altn. *höfudh* asg. *heafod*, got. *haubith* alts. *hôbhid* ahd. *houbit* mhd. *houbet* n. „Haupt").
tkurn porta (der Anlaut *th* bedenklich, trotz nhd. „Thor, Thorn", da wir in dem krym-gotischen Ortsnamen *Δώρας*, gen. *Δώραντος*, den got. Plural *daurôns* zu *daurô* f. „Thor, Thüre" finden).
stern stella (ahd. mhd. *stërn* m. got. *stairnô* altn. *stjarna* f.).
sune sol (got. *sunna* m., also schliessendes *e* für älteres *a*?)
mine luna (offenbar *mine*; got. *mêna* m. alts. ahd. *mâno* ags. *môna* engl. *moon* niederl. *maan*; krym. *i* für altgerm. *â* got. *ê*, vgl. *schlipen* dormire, *criten* flere, *mycha* ensis; die Regelmässigkeit dieser Vertretung bezeugt Busbecke's Untrüglichkeit).
tag dies (wir hätten *dag* erwartet; vielleicht Einfluss tatarischer Sprechweise, da im Türkischen *t* und *d* im Anlaut nicht genau unterschieden wird, z. B. *tagh* = *dagh* „Berg"; got. *dags* alts. *dag* ahd. *tag tak* mhd. *tac*).
oeghene oculi (niederl. Schreibweise für *ûgene* aus ursprünglichem *augana got. *augôna*, sing. *augô* alts. *óga* ahd. *augâ ougâ* mhd. *ouge* n.)
bars barba (sollte etwa *barz* das Richtige sein, worin *z* Mouillirung eines ursprünglichen *dh*? dürfte auf die Glosse *barritus* aus *barsitus* verwiesen werden? ags. engl. *beard* ahd. *part* u. s. w. m. „Bart". Oder ist das Wort aus der Sprache der benachbarten Alanencolonie entlehnt? baktr. *vareça* arm. *vars* npers. *gurs* „Haar, Zotte" müsste im Osetischen jedenfalls *bars* lauten; os. (tag.) *bars* (südl.) *barč* „Mähne" ist wohl anderen Ursprungs).
handa manus (mit masculinem Schlussvocal wie in *mycha* gladius *boga* arcus *brunna* fons, neben *sune* sol *mine* luna; got. *handus* altn. *hönd* alts. ags. engl. *hand* ahd. *hant* f.).

boga arcus (got. **buga* alts. *bogo* ags. *boga* ahd. *poco pogo* mhd. *boge* m.)

miera formica (altn. *maur* m., sv. *myra* dän. *myre* ndd. *miere* f.; im krym. Dialekt vielleicht masc., wie ahd. *trëno prëmo heimo glimo* u. a.).

rinck sive *ringo* anulus (got. **hriggô* f.? alts. ags. *hring* mhd. *rinc* m.).

brunna fons (got. *brunna* alts. *brunno* ahd. *prunno* mhd. *brunne* m.).

waghen currus (got. **vagns* altn. *vagn* alts. *wagon* ahd. *wagan* mhd. *wagen* m.).

apel pomum (altn. *apal-* ags. *äppel* engl. *appel* u. s. w.; der Fluss Alma und der Ort Alma-saraï in der Krym von türk. *alma* „Apfel" begegnet schon in dem Briefe des Chazarenfürsten).

schieten mittere sagittam (got. **skiutan* alts. *skiotan* ahd. *sciozan* mhd. *schiezen*).

schlipen dormire (*schlipen* got. *slêpan* ahd. *slâfan* nhd. „schlafen"; siehe bei *mine* luna).

kommen venire (diese junge Form macht die Busbecke'schen Aufzeichnungen verdächtig; engl. *come* mhd. *komen* ahd. *quëman* alts. *kuman* got. *qiman*; jedenfalls ist das doppelte *m* Busbecke's Zuthat).

singhen canere (got. *siggvan* alts. *singan* mhd. *singen*).

lachen ridere (hier ist *ch* mit Vorbehalt aufzunehmen; vielleicht erklärt sich diese Verdichtung aus dem Einflusse des ursprünglich nachfolgenden *j*, got. *hlahjan* ahd. *hlahhan lahhan* „lachen").

criten flere (wir hätten *griten* erwartet, got. *grêtan* alts. *grâtan* mhd. *grâzen* altn. *grâta*; der *i*-Vocal vertritt, wie sonst, got. *ê* altd. *â*).

geen ire (auch diese junge Form ist sehr verdächtig; got. *gaggan*, u. s. w. „gehen").

breen assare (wie bei dem vorigen ist zwischen den Vocalen der Consonant, hier die dentale Media, ausgefallen; ahd. *prâtan brâtan*. — Mit dem folgenden Worte geräth Busbecke bereits unter die Ausdrücke, welche sich von der Sprache seiner Zeit unterschieden.)

schwalth mors (got. **svults* ags. *svylt* altn. *sultr* m. „Siechthum, Tod" von got. *sviltan*, Stamm *svalt*, ags. *sveltan* ahd. *swelzan* altn. *svelta* „dahinsiechen, hungern, sterben"; man beachte das stammhafte, nicht abgelautete *a*, und das schliessende — *th*, wobei eine Nachwirkung des alten nom. — *s* angenommen werden könnte).

knauen tag erat illi „bonus dies", *knauen* „bonum" dicebat (zunächst ist das Schlusselement — *en* auffallend, worin schwerlich Verstümmlung des Partic. praes. vorliegt; auch als Accusativendung lässt sich das — *n* kaum fassen; dagegen ist die Ableitung von ags. *cnâvan* altn. *knâ* „können, vermögen", „kennen, erkennen" und dem altn. Adjectivum *knâr* „tüchtig, tapfer", Grundform **knâva-s* (lat. *gnavos*), unzweifelhaft; der Bedeutungsübergang macht keine Schwierigkeit, wenn wir erwägen, was für Eigenschaftswörter oftmals für die Begriffe „gut, schön" zur Verwendung gelangt sind). — Busbecke fährt fort: „Pleraque *alia* cum nostra lingua non satis congruentia usurpabat, ut ....

iel vita sive sanitas (got. *hails* alt. *hél* ahd. mhd. *heil* n. „Gesundheit, Glück, Heil"; zu beachten der Schwund des anlautenden *h*, wie in den romanischen Sprachen, im Neugriechischen u. s. w., ferner die Vertretung *ie* für got. *ai* mhd. *ei*).

ieltsch vivus sive sanus (*tsch* ist offenbar als adjectivisches Derivationselement hinzugetreten; *t* kann als verstärkender Ansatz von *sch*, und dieses als Ueberrest und Entstellung der Endung *-isk* betrachtet werden; rauhe Aussprache wie etwa im Dialekt der Tiroler).

iel uburt sit sanum (got. *hail vairthai;* sollte es nicht eigentlich „sit *vobis* sanum, Heil euch werde" bedeutet haben, obwohl wir aus got. *izvis* **juzvis* mit Mühe zu krym. *u* oder *ub* gelangen; sollte ein Druckfehler vorliegen?)

marzus nuptiae (ein räthselhaftes, schwieriges Wort! In der Sprache der Vêda's bedeutet *márya* „junger Mann, Bräutigam", nach Grassmann von Wz. *mar* „schimmern, funkeln" abzuleiten; so hätten wir wenigstens das Radical gewonnen. Weiters gelangen wir zu dem bereits von den Vorgängern verglichenen lit. *martis*, aus *martja-s*, accus. *marcza*, aus *martja-m*, woraus entlehnt finn. *morsian*, gen. *morsiame-n*, beide bedeutend „Braut, junges Weib", wie gr. im kretischen Dialekt μάρτις „Jungfrau". Wir dürfen demnach ein krym.-gotisches *martz*, minder richtig *marz*, aus **marth-*, „Braut" annehmen; am meisten Schwierigkeiten bereitet das Schlusselement — *us*, dessen *s* nicht als Nominativcharakter gefasst werden darf. Im Hinblick

auf Verkürzungen und Verstümmlungen, wie sie in manchen
zusammengesetzten Wörtern z. B. in unserem „Schwelle;
Welt" u. a. vorliegen, glauben wir nicht zu irren, wenn wir
als zweiten Bestandtheil *kûs* altn. *kjör* n. „Wahl" von got.
kiusan altn. *kjósa* „wählen, kiesen, küren" vermuthen. Wir
hätten dann in krym. *martzus* „Brautwahl").

schuos sponsa (erklären wir unter der Schreibung *schwos* und
Verdumpfung aus *schwas* aus ahd. *svâs* „zu eigen, angehörig,
häuslich vertraut" altn. *sváss* „traut"; wir hätten hier das
ältere *â* bewahrt gefunden, während got. *svés* allerdings krym.
schwis erfordern würde).

baar puer (*aa* für *â* niederländische Schreibweise; Abwurf des
schliessenden *n* nach *r* wie in *kor* triticum; got. altn. alts. *barn* n.
„geborenes, Kind, Sohn").

ael lapis (mit dem üblichen Schwund des anlautenden *h* und mit
ae für *ä*? got. *hallus* m. πέτρα aus *halju-s* von *haljan
„heben" oder vielmehr „zerschmettern (percellere)"; sollte das
ursprüngliche *j* auf die Brechung des *a* eingewirkt haben?)

menus caro (got. *mimz*, Stamm *mimsa-*, n. κρέας; skr. *mâmsa* slaw.
maso n. Das *u* der zweiten Silbe unorganische Zerdehnung?)

rintsch mons (vollständig vereinzelte Bildung, etwa zu Wz. *ar*
gr. ὀρ- „sich erheben, oriri", wie unser „Wind" zu Wz. *va*
„wehen"? Diefenbach vgl. got. *ur-rinnan* „aufgehen").

fers vir (ist nicht, wie gewöhnlich vermuthet wird, got. *vair* alts.
ahd. *wër* ags. altn. *ver* „Mann", sondern *ferhâs* alts. *firihôs*
ags. *fyras firas* „Menschen, Leute" mit Kürzung von *a*).

stats terra (got. *staths* ahd. *stat* „Stand, Stätte"; bei dem
Auslaut *ts* können wir sowohl auf directe Entstehung aus *th*
als auch auf Nachwirkung des nom. — *s* in der Aussprache
denken).

ada ovum (nach J. Grimm und Förstemann aus got. *addi *addjô
altn. *egg*, wie got. *vaddjus* neben altn. *veggjar*, got. *tvaddjê*
neben altn. *tveggja*, got. *daddjan* neben altsv. *döggja;* man vgl.
nd. *adebâr* „Storch" eigentlich „Eierbringer"? Es ist daher nicht
nothwendig, skr. *anda* aus *andra, „Ei" heranzuziehen, ein
Wort, das auch in skyth. ἀδιγόρ „Heuschrecke" eigentlich „Eier-
macher" *andikâra, os. *ajke* „Ei" aus *adika* čerkess. *jedike*
„Ei" ersichtlich).

ano gallina (mit Schwund des *h* aus *hanjô „Henne" neben got. *hana* m. „Hahn").
telich stultus (vielleicht richtiger *döllich* d. i. got. *dvala-leiks*, von *dvals* „stultus"; türk. *telyq* od. *delyq* osm. *deli* „verrückt, toll" können wir entbehren),
stap capra (unerklärt; nichts hilft Massmann's Verbesserung *scap*).
gadeltha pulchrum (richtiger *ga-delta* mit dem neutralen Ausgang —*ta* wie in den zwei folgenden Wörtern; got. *ga-tils*, n. *ga-tilata* εὔκαιρος εὔθετος, ags. afries. *til* „gut"; ein Zeitwort *gadilan, neben *gadan, „verbinden" unter Hinweis auf got. *gadiliggs* ahd. *gatilinc* „affinis" und mhd. *getelich* obd. *gättlich* „aptus, conveniens" ist Mannhardt geneigt anzunehmen; doch ist diese Herleitung bedenklich).
atochta malum (wird aus *hatugata „gehässiges" gedeutet, von *hatjan* „hassen").
wichtgata album (etwa aus *hveitugata, erweitert v. got. *hveits* alts. *hwît* engl. *white* „weiss"; auffallend ist das *ch* im Stamm).
mycha ensis (besser *micha* zu schreiben; masculine Endung *a* wie in dem entlehnten finn. *miekka* wot. *moekka*; *ch* wahrscheinlich aus *kj*; *i* regelmässige Entwicklung des got. *ê*; got. *mêkeis*, acc. *mêki* Ephes. 6, 17; alts. *mâki* ags. *mêce*).
lista parum (aus *leitita, von *leits neben dem allein üblichen got *leitils* „klein, gering, wenig", mit dem nicht seltenen Uebergang von *t* in *s* vor dem folgenden Dental. Diese Annahme hat sehr viele Bedenken; möglich ist Entlehnung aus dem Alanischen: os. *listag* „dünn, schmal" skr. *liç*).
schediit lux (*sch* vielleicht aus *sv*, vgl. ags. *sveotol sutol* „conspicuus, clarus" lit. *svidus* „blank"; oder aus *sk,* vgl. got. *skaidan* „scheiden" lett. *skaidrs* „clarus"; *ii* für *i* weist auf got. *ê* oder auch *ei;* das Nominalsuffix seltsam. Kaum Entlehnung aus dem Alanischen: vgl. baktr. *khšaeta* „glänzend" pers. *šéd* u. s. w.).
borrotsch voluntas (Massmann vergleicht got. *ga-baurjôthus* „voluptas"; der Ausgang *tsch* wäre sonach durch Mouillirung und unter Nachwirkung des nomin. — *s* entstanden, anders wie in dem adject. *ieltsch* sanus. Liesse sich das erste *o* als verdumpftes *a* fassen, so könnte als Grundwort auch oset. *bara* oder *bare* „Wille" = skr. *vara* „Wahl, Wille, Wunsch" verglichen werden; doch bliebe der Ausgang unerklärt).

cadariou miles (nach Massmann aus got. *ga-drauhti-* m. „Soldat"; Mannhardt nimmt eine Form *ga-darjus „verwundend" an; in beiden Fällen ist *ca, ka* für got. *ga* bedenklich. Der Diphthong *ou* begegnet auch in *ingdolou* in der ersten Zeile des gotischen Liedes; vielleicht entstanden aus *au aq*, mit einem den türkischen Dialekten eigenen Uebergang. Wir können nämlich auch Entlehnung aus der Sprache der Chazaren annehmen: čuwaš. *kadaraχ* altaïsch *kadary* „zur Seite befindlich, vielleicht auch *auxiliarius*", von *kad* osm. *qāt* „Seite"?)

kilemschkop ebibe calicem (dabei wird gewöhnlich auf ahd. *coph* „Trinkgefäss" hingewiesen oder auch *schkop* in dieser Bedeutung abgetrennt; wir nehmen *kilem* für *calicem* und *schkop* für *ebibe* und vergleichen altn. *kyll* „Schlauch" ags. *cylle* f. „uter, lagena"; dazu unser „schöpfen").

tzo warthata tu fecisti, *ies warthata* ille fecit (*tzo* ist got. *thu* „du" und *ies* mit Schwund des Nasals und sporadischer Bewahrung des Schluss-*s* got. *jains* ahd. *jenér;* in *wartha* ist alts. *warhta* ahd. *warahta* mhd. *warhte* „wirkte" enthalten; dabei bleibt das gemeinsame Element — *ta* unerklärt. Alles wäre klar, wenn wir *warthata* als Druckfehler für *warchata* ansehen dürften!)

ich malthata ego dixi (Busbecke unrichtig: ego dico; *ik* altn. *ek* „ich", Aspiration wie in *mycha* ensis; mhd. *meldôn* „melden" neben got. *mathljan* λαλεῖν. Förstemann schreibt *malth-thata*. Wenn wir *warthata* als Druckfehler für *warchata* nehmen, ist diese Annahme unnöthig). — Weiter fährt Busbecke fort: iussus ita *numerabat*:

ita (got. *ainata* „eius" mit Schwund des *n* wie in *ies* „jener", altn. *eitt* dän. *ét*).

tua (got. *tva* n.).

tria (got. *thrija* n.); dazu *trei-thyen* triginta (nicht „tredecim"!).

fyder (got. *fidvor, fidur-*); dazu *furdei-thien* quadraginta (nicht quatuordecim"!)

fynf (got. *fimf* ags. *fife* engl. *five;* Massmann will *fynf* gelesen wissen).

seis (got. *saihs*).

sevene (got. *sibun* mhd. *siben*, mit Bewahrung des alten *e* im Stamme und Uebergang von *b* in *v* wie in *silvir* argentum).

athe (got. *ahtau* ahd. *ahtô* mhd. *ahte*).

nyne (got. *niun*).

thiine (got. *taihun* alts. *tehin* ags. *tyn* engl. — *teen*).

thiin-ita, thüne-tua, thüne-tria (mit Verlust der alten Formen auf — *lif* und additiver Umschreibung, wobei beachtenswerther Weise die Zehnzahl *voran* steht) etc.
stega dicebat viginti (got. *tigus* altn. *tigr tegr;* das anlautende *s* bleibt unerklärt. Vielleicht Anlehnung an ahd. *stëgâ* f. „Steg, Steig, Stiege, Stufe", ein Wort, das hie und da auch als Zahlausdruck gebraucht wird).
sada centum (Entlehnung aus dem Alanischen: os. *sade* = pers. *sad* bakt. *çata;* auf éranische Quelle geht auch zurück magy. *szàz* wogul. *sat* ostj. *sôt* čerem. *šyde* mordw. *s'ada, s'ado* finn. *sata* u. s. w.)
hazer mille (gleichfalls aus éran. Quelle: pers. *hazār* baktr. *hazanra* wie auch magy. *ezer;* in das Gotische zunächst wohl aus dem Chazarischen eingedrungen, vgl. den Namen des chazarischen Feldherrn *Hazār-tarkhán* bei Tabari). — Busbecke fährt fort: Quin etiam *cantilenam* eius linguae recitabat, cuius initium erat huiusmodi
wara wara ingdolou
scu te gira galizu
hoemisclep dorbiza ea — — (Mannhardt Zeitschr. f. vgl. Sprachf. v. Ad. Kuhn V. Bd. 1856 S. 166—180 erklärt diese Zeilen mit Benutzung der Vorversuche Massmann's so:
várei várei I'ggadállu / scúta jé'rê gálaizê / háuhmisks hlaifs tháurbiza aiv d. i. „wehre, wehre, Ingdall, / dem Dahinschuss der Jahre, der wunderlichen; / des Volkes Nahrung, dürftiger je — —"; es sollen damals noch die christlichen Goten in ihren Volksliedern Spuren alter mythologischer Anschauungen bewahrt haben, und wir hätten in jenen Zeilen eine Bitte an den Lichtgott *Yngvi* um Abwendung von Hungersnoth und Misswachs vor uns; wir glauben jedoch kaum, dass Mannhardt diese seine Meinung noch jetzt wird vertheidigen wollen. Nüchterner und ungesuchter ist Förstemann's Einfall in seiner Gesch. d. deutschen Sprachstammes 1875, II, S. 167, darin eine Warnung an einen jungen Menschen zu suchen, der zum Gelage eilt: „wohin, wohin, junger Thor? / scheue zu begehren die Becher! / Hausbrod ist derber stets — —". Sicherlich sind die Zeilen moralischen Inhalts. Auffallend ist der *h*-Anlaut in *hoemisclep,* da sonst Schwund desselben üblich; vielleicht liegt auch hier ein Druckfehler oder ein Irrthum vor und ist

loemisc lep zu lesen, mit Alliteration wie in *gira galizu*; *loemisc* deuten wir aus ahd. *luomi* „schlaff, matt" oder auch „zahm, milde, nachgiebig", *lep* ist wohl ahd. *lîp* „Leib, Leben"; *gira* got. *geiro* „Leidenschaft, Gier" und *galizu* gen. plur. eines Subst. m. d. Bed. „Wollust, Vergnügen" vgl. got. *gailjan* „erfreuen" altn. *gáll* "lascivia"; auch *dorbiza* kann ein ähnlich gebildetes Subst. sein. Wie dem auch sei — denn alle Erklärungsversuche sind bei dem Mangel einer Uebersetzung eben Versuch ohne Gewähr der Sicherheit —, *unzweifelhaft* verrathen die drei Zeilen *deutsche Laute, deutsche Wortformen*).

Busbecke schliesst nun seinen trotz aller Dürftigkeit und Unsicherheit werthvollen Bericht: „Hi Gothi an Saxones sint, non possum diiudicare; si Saxones, arbitror eo deductos tempore Caroli Magni (!), qui eam gentem per varias orbis terrarum regiones dissipavit: cui rei testimonio sunt urbes Transsilvaniae (!) hodieque Saxonibus incolis habitatae; atque ex iis ferocissimos fortasse longius etiam summoveri placuit, in Tauricam usque Chersonesum, ubi quidem inter hostes *religionem adhuc retinent Christianam*. quodsi Gothi sunt, arbitror iam olim eas sibi sedes tenuisse Getis proximas; nec erraturum fortasse, qui sentiat maiorem partem eius intervalli quod est inter Gothiam insulam & Praecopiam quam hodie vocant, a Gothis aliquando insessam: hinc diversa Gothorum Westgothorum & Ostrogothorum nomina: hinc peragratus orbis victoriis, hinc seminarium ingens barbaricae multitudinis. habes quae de Taurica Chersoneso ex his Praecopiensibus didici."

Der vollständig gräcisirte, hochgewachsene Gote und der rothhaarige, der gotischen Sprechweise kundige Grieche — beide beweisen die Völkermischung auf der Halbinsel, die zunehmende Entnationalisirung des gotischen Bruchtheiles. Der Galeerensklave, welchen der Jesuite Mondorf (vor 1760) getauft haben will, bietet nur eine höchst unsichere Spur des Vorhandenseins gotischer Sprache. Pallas und andere Reisende haben nicht mehr Gotenreste vorgefunden. Selbst der Name Γοτθία ist endlich aus der kirchlichen Topographie geschwunden. Im Jahre 1587 war Κωνστάντιος ἀρχιερεὺς καὶ πρόεδρος Γοτθίας, wie die griechische Inschrift der Kirche von Bija-salá (Köppen, Kr. sb. S. 41) darthut; ein tatarischer Edelmann Bin-atá, Sohn des Demirdže, hat diese Kirche unter dem Namen Joannes des Täufers errichtet. Der Bischoffssitz Gothia wird noch in den Jahren 1652. 1673, und vereinigt mit jenem von

Kafa, 1677 (Sathas, III p. 587. 599. 604) und 1721 (Παρθένιος ὁ Γοτθίας καὶ Καφᾶ, Köppen S. 69) erwähnt. Im Jahre 1779 wurde Ignatiĭ mitropolit Gottheĭskiĭ i Kafaiskiĭ aus Baghdže-saraĭ nach Marianopol (Mariupul) am azow'schen Meere versetzt, ebenso der armenische Metropolit Peter Markasow an den Don und Jakob Haupt der katholischen Armenier nach Jekatarinoslaw; von da an (Sathas III, p. 334, genauer seit 1786 Köppen S. 43) erlischt der Name der „gotischen" Eparchie. Die damals aus Taurien an die azow'sche Küste angesiedelten christlichen *Tat* sprechen gegenwärtig nur griechisch oder tatarisch und haben den Gotennamen vergesssen. Die Zeit reibt Alles auf und nichts Menschliches entgeht seinem Schicksale, am allerwenigsten ist es kleinen Bruchtheilen von Völkern vergönnt, ein langes Dasein zu fristen. Nichtsdestoweniger muss es uns Wunder nehmen, wie der kleine Gotenstamm Taurien's sich in seiner Eigenart so lange hat erhalten können; zu dieser Erhaltung hat wohl am meisten der Umstand beigetragen, dass die Nachbarstämme, von den griechischen und genuesischen Ansiedlern abgesehen, nicht gerade zu den verweichlichten und weit vorgeschrittenen Culturvölkern gehörten. Auf dem Boden der antiken Culturvölker dagegen sind weit stärkere Bruderstämme, die Vandiler und Heruler, Ost- und Westgoten, Gepiden und Langobarden, frühzeitig untergegangen.

VII.

Es erübrigt noch, die historisch bezeugten Plätze des Gotenlandes, die κάστρα τῶν κλιμάτων, näher in's Auge zu fassen. Wir kennen nicht alle Namen der „quadraginta castella" (Rubruk 1253) oder der „quaranta luoghi" (Barbaro 1450), sondern nur die wichtigeren Küstenplätze und Häfen, zumal in der Strecke von Symbolos (Balaklawa) bis Sugdaïa (Sudak) und Kafa, namentlich aus Urkunden und den Seekarten der Venezianer, Genuesen und Catalanen. Die Bevölkerung dieser Küstenorte war seit alten Zeiten überwiegend griechisch, die Reste der alten Taurer sind sprachlich in dem griechischen Volkswesen aufgegangen; von hier aus hat die Gräcisirung Gotien's immer weitere Fortschritte gemacht, während von dem Steppengebiete her das tatarich-türkische Element als mächtiger und schliesslich prävalirender Rivale zur Geltung gelangte. Wir dürfen uns nicht wundern, dass wir — von dem alten *Daurôns* abgesehen — sonst nirgend gotischen Ortsnamen begegnen; vielleicht wäre dies der Fall, wenn uns Urkunden die vormaligen Weiler an der Nordseite des Jaïlá und der Čatir-dágh aufzählen würden. Wir übergehen die Bucht *Calamita* und das antike Ἡράκλεια Χερσόνησος, das spätere Χερσών (acc. Χερσῶνα, daher *Chersona* bei Jordanes, *Kersona* bei Idrisi a. 1150 und Rubruk a. 1253, *Cersona* bei Vesconte, *Carsona* bei Barbaro, *Zurzona* in der catalanischen Karte, *Gerezonda* oder *Giriçonda* auf anderen italienischen Seekarten; russ. *Koьrsunь* bei Nestor) mit dem westlichen Vorgebirge *Fanar*, und bemerken bloss, dass der tatarische Name bei Abulfeda u. A. *Sari-kermán* „gelbe Veste" lautet und dass die Russen in derselben Bucht die stolze Festung *Sewastopol* erbaut haben, nach dem Beispiele des alten, an der kolchischen Küste gelegenen Σεβαστόπολις. Haben wir die μικρὰ Χερσόνησος oder den ἰσθμός und das Vorgebirge Παρθένιον (j. Aï-Georgii) umschifft, so laufen wir in die winkelreiche Bucht von Balakláwa ein, die ihren Namen dem Fischreichthum verdankt (türk. *balyqly* „fischreich"; nach Tzetzes Chiliad. VIII, 773 nannten die Kumanen die Maiotis Καρμ-παλούκ· πόλις ἰχθύων), ὁ Συμβόλων λιμήν der Alten, nach dem byzantinischen Scholiasten des Ptolemaios τὸ νῦν λεγόμενον Σύμβολον; daher heisst es im Jahre 704 von Justinianus II.: παραπλεύσας τὴν Ἄσαδα ἦλθε μέχρι Συμβόλου πλησίον τῆς Χερσῶνος; die italienischen Seekarten nennen den Hafen *Çymbalo Cinbalo Cembalo Cenbalo Çembaro Zembaro Cenbaro Sanbaro*, Stella a. 1433 castrum *Cimbaldi;* Broniovius traf hier griechische Bewohner, welche den Ort *Iamboli* nannten. Im Alterthum begann hier das Gebiet der Taurer, im Mittelalter ἡ Γοτθία, genues. *capitanateus Gotiae.*

Wir fahren an Aïa-burún und dem Aïa-dágh, wo die italienischen Seekarten *Cavo de Lagia* oder *Laya* (d. i. ἁγία „die heilige Spitze") nennen, sowie an dem Orte *Laspi* (ngr. λάσπη. βόρβορος) vorüber und besteigen bei dem Saryč-burún das Land; hier finden wir den Markt *Fóros*, genannt in einer genuesischen Urkunde vom Jahre 1381; die italienischen Seekarten nennen hier ohne Ausnahme *Caco-Jani* (so schon P. Vesconte 1318) oder Caco-Jao, und noch heute fliesst hier eine übelriechende, aber doch trinkbare Quelle *Kaku-lán* češmé „der Brunnen des bösen Johannes". Weiter östlich ist der berühmte treppenartige Bergübergang, der von *Muchaljátka* und *Mšátka* aus über die Berghöhe nach Baïdár führt, *la scala* oder tatar. *merdwén* (= pers. *nerdewán* „Leiter") genannt; in der Nähe liegt *Kastrópulo* (Köppen S. 205). Weiterhin finden wir den Ort *Kikeneïs*, bei den Griechen auch *Kirkineïs* genannt (Köppen S. 203 vgl. κίρκος, κίρκινος), in der Urkunde des Jahres 1381 *Chichineo* geschrieben; hier begann nach Pallas das Gebiet der hypsokephalen, blonden Tāt-Bevölkerung und reichte bis zum Cap Aï-Todór. Hinter Kikineïs-burún treffen wir den „Hafen" *Liména* mit einer Befestigung (kalé) und die Quelle *Agipánta* (ἅγιοι πάντες); von hier führt der Eski-boghász und die *Petakjá* über's Gebirge. Bei *Simeïs* oder Σιμαιοῦς (v. ngr. σίμα „nahe") wachsen vortreffliche Feigen; hart an der Küste liegt die verfallene Veste *Tsíβa* od. Čiwa. Wir fahren an dem mächtigen Vorgebirge *Kurtiri-burún* (Κροτηρία ἄκρα mit der Quelle Κροτηρία βρύσις, der „plätschernden") vorüber und besuchen den Ort *Alúpka* oder Ἀλούπηκα (ngr. ἀλουποῦ· ἀλώπηξ, thessal. ἀλούπης), den uns der Brief des Chazarenchaghan's a. 960 *Alubika*, die Urkunde a. 1381 *Lupico* nennt; der westliche Theil der Bergmasse heisst bei den Tataren *Skután-kajássi*, der östliche *Aï-Petra* oder „heiliger Fels"; der Felsen *Aï-Wlás* ἅγιος Βλάσιος schliesst sich weiter an. An der Küste liegt ferner *Chureïs* oder *Chōris*, dann *Mys-chōr* oder Μεσαχώρι, *Musacori* in der Urkunde des Jahres 1381. Es folgt das Vorgebirge *Aï-Todór* mit seinen trefflichen Austernbänken und den Ruinen eines griechischen Klosters, in den italienischen Seekarten *Cavo sti. Todari* oder *San Todaro, Todero, Todoro* (ἅγιος Θεόδωρος) genannt, das altberühmte τοῦ κριοῦ μέτωπον, in taurischer Sprache *Βρίξαβα*. Landeinwärts liegt *Gáspra-ˀisar* (Gáspara, Gáspura, viell. byz. ἄσπρα κώμη).

Wenn wir an dem Felsen *Murgundúny-kajássi* vorüber nordostwärts fahren, gelangen wir an eine von Natur aus überaus gesegnete Küste, reich an üppig belaubten Bäumen aller Art; hier liegt das Schloss *Oriánda* (*Urjánda*), schon im Jahre 1381 genannt, und der quellen- und wiesenreiche Ort *Livádia*, der Aufenthalt des Caren; an dem Fusse des Hügels *Fül* und dem Eingange in die Bergklause *Fülizboghás* bei Awútka mag der alte Bischofssitz Φοῦλλα, und im Alterthume die taurische Stadt Χάραξ (bei Plin. *Characeni, civ. Characina*) gelegen haben; Namen wie die Quelle *Aïa* (ἁγία), der Hügel *Wagilista* (Εὐαγγελίστα) und die „Pfaffenwiese" (*Papās-čeïr*) bezeugen noch jetzt den ehemaligen kirchlichen Besitz. Köppen (S. 132. 177 fg.) findet den Ort in *Rusko-fuleï* (tat. *Uskrufyl-kalé*) bei Nikita, woselbst auch ein *Paleokástro* (παλαιόκαστρον) vorhanden; als Etymon bietet sich — da an got. *fulls* „voll" 2. „stinkend, faul" nicht zu denken — ngr. φουλιά· φωλεός „Thierlager, Vogelnest" (tat. *ful, fol*) vgl. die localen Benennungen *Füli-chaja* „Nestfels" bei Nikita und Martian, *Šahányn-ful-kajássy* „Fels des Falkennestes" nördlich von Aï-Wasíl, *Jerák-fol-kajássy* „Falkennestfels" nw. davon (Köppen, Wege und Pfade des taurischen Gebirges, Mém. VIe sér. sc. mathém. II p. 376 n° 22; irrthümlich vgl. Köppen ngr. πουλί „pullus"). Eine Spur des Ortes findet Thunmann (bei Büsching) bereits im Jahre 575 bei Menandros, der von dem Gesandten Valentinus berichtet: διὰ Χερσῶνος παρέϑει τὰ ὄρη τῆς Ταυρικῆς τὰ νεύοντα ἐπὶ μεσημβρίαν· οὐ μὴν ἀλλὰ καὶ δι' Ἀπατούρας, ἔτι τε καὶ διὰ φύλων; es sind jedoch hier die φῦλα τῶν Οὐτιγούρων gemeint. Erst zu Ende des achten Jahrhundertes begegnet uns der Ort in den Acta S. Joannis (s. o.): ἐν τῇ φυλακῇ τῶν Φούλων *** ὁ κύριος τῶν Φούλων; dann um Mitte des neunten Jahrhundertes in der Legende des hl. Konstantin-Kyrillos: wъ *Fulьscē jezycē* „in regione Phulensi" (s. o.). Zur Zeit des Palaiologen Andronikos (1290) erscheint der

Bischofssitz Φοῦλλα (αἱ Φοῦλλαι, οἱ Φοῦλλοι) mit dem Sprengel von Sugdaïa vereinigt (Not. IV, 55 ed. Parthey: ὁ Σουγδαίας καὶ Φούλλων, Acta patr. Cpol. ed. M. M. II p. 42. 67. 129. a. 1382. 1384. 1389, ὁ Σουγδοφύλλων Le Quien Or. Chr. I, 1230); in der türkischen Periode nennt sich der Bischof von Sudak ὁ Φούλων und sein Sitz wird mit Καφᾶ vereinigt (ὁ Καφᾶ καὶ Φούλων Sathas III p. 560. 568. 592 a. 1616. 1631. 1656 — die letzte Erwähnung). — Der Hafen *Jalita* oder *Jalta*, vielleicht aus Αἰγιαλῖται vgl. *Acisalitae* opp. Taurorum Plin. IV 12. 85, begegnet bei Idrisi a. 1150 *Čalita*, in der gr. Synodalurkunde a 1371. 1395 ἡ 'Ιαλίτα, a. 1386 ἡ Γιαλίτα πατριαρχικὴ χώρα ἐν τῇ ἐνορίᾳ τῆς Γοτθίας (Acta patr. Cp. I p. 577 II p. 67. 74. 259), auch in lateinischen Urkunden *Ialita* a. 1381, *Ialite* a. 1449 fg. An dem gleichnamigen Bache liegt Aï-Wasíli ἅγιος Βασίλιος, nahe mündet der Bach Παναγία; hier ist ein Uebergang über die *Jaïlá* nach *Stylja* in das Flussgebiet der Kača. Weiter an der Küste folgt *Marsánda*. Die Namen auf -*ánda* sind vielleicht alttaurisch, sie finden sich auch in Lazistān häufig. Bei Nikita-burún liegt der Ort *Nikíta* mit den Besitzungen *Martián* und *Aï-Danil*. Für *Nikita* wird in älteren Zeiten immer ἡ Συκίτα, ἐν Συκίτᾳ geschrieben (Acta patr. Cp. II p. 67. 148 a. 1384. 1390), *Sicita* a. 1381. — Der folgende Hafen *Jurzúf* hat alten Namen; τὸ ἐν Γορζουβίταις φρούριον a. 550 unter Justinian (s. o.), vgl. das paphlagonische, westlich von der Halysmündung gelegene Γουρζούβανθον (v. skr. *vaǧra* npers. *gurz* „Donnerkeil, Keule" und npers. *band* „Veste"? *Orgibate* Tab. Peut.); bei Plin. *Orgocyni* Taurorum opp. Später genannt bei Idrisi *Ghorzovi* „eine blühende Stadt", *Gorçovi Gorçovy* a. 1480. 1561 in den italienischen Seekarten, *Gruçui* bei Barbaro, *Gorzovium* in der Urkunde des Jahres 1381; auf Witsen's Karte „haven *Kiursuf*" u. s. w. — Es folgt der *Aju-dáyh* (türkisch „Bärenberg" früher auch *la Camíla* „Kameel" genannt), mit den Ruinen eines griechischen Klosters *Aï-Konstantin*; wahrscheinlich Κόραξ der Alten.

Hinter diesem Vorgebirge folgt der Hafen *Parthenít*, wahrscheinlich eine Gründung der Chersoniten, *Bartnit* im Chazarenbriefe a. 960, *Bartanite* bei Idrisi a. 1150, in den Acta S. Joannis τὸ ἐμπόριον Παρθενιτῶν mit einem Kloster der hl. Apostel (s. o.), in den gr. Synodalurkunden a. 1364 ἡ Παρθενίτα, a. 1390 zusammen mit dem folgenden Hafen Δαμπαδοπαρθενίτα, in den lateinischen Urkunden a. 1381. 1426. 1449 *Partenite* oder *Pertinice* genannt. Auf den italienischen Seekarten findet sich hier *Pangropolli* (Vesconte),

Pangropoli, Pagropoli, Vagropoli oder *Nagropoli* verzeichnet, vielleicht eine auf Fischfang bezügliche vulgäre Benennung. *Küčük-* und *Böjük-Lambát* ist Λαμπάς der alten Periplen, *Lambat* im Chazarenbriefe, *Lambadha* „ein schöner Ort" bei Idrisi, Λαμπάς in den gr. Urkunden z. B. a. 1384 neben Λαμπαδοπαρϑενίτα, *Lambadie* a. 1381. Eine Quelle heisst hier Astyra-češmé, was gemahnt an die auch im Bosporos verehrte phoenikische 'Αστάρα. Von „Gross-Lambat" lassen sich Reste eines alten Aquaeduct's bis *Kastél-Gorá*, verfolgen (viell. Λάγυρα des Ptolem.? oder russ. *gora* „Berg"?); locale Benennungen z. B. einer Quelle *Wrísi* (βρύσις), eines Felsens *Ematakajá* (αἵματος „Blut-Felsen), und *Fása* (taurisches Wort?); drei alte Kirchen Aï-Jáni, Aï-Konstantin, Aï-Nikola. — Es folgt das Thal des Baches *Alušta* und der Uebergang *Gawríl-boghás* zur Quelle der Alma; der Küstenplatz *Alušta* gehört zu den von Justinian a. 550 restaurirten Kastellen, τὸ 'Αλούστου φρούριον (s. o.), *Alus* im Chazarenbriefe, bei Idrisi *Sālusta*, ἡ Αλούστα in den griechischen Synodalurkunden a. 1384. 1390, *Alusta Lusta Lustra Lustia Lusto Lusca Lusce Luçe* in den lateinischen Urkunden und italienischen Seekarten. Von *Alušta* führt die Hauptstrasse *Angárjol* über Šuma und Demirdži entlang dem Ostabhange des *Cátir-dágh*, des alten Τραπεζοῦς (italienisch *Tavola*, russisch *Palatka*), dessen Plateau die Höhe von 1520^m erreicht, in das Quellgebiet des *Salgyr*, wo die Orte *Aï-Jáni* (ἅγιος 'Ιωάννης) Čawki (ngr. καύκη) und andere, sowie das verfallene Schloss *Eski-saraï* zu finden sind; hier und sonst nirgends muss das gotische *Daurôns*, Δόρυ, gelegen haben; über *Kil-burún* führt dann die Strasse nach Symferopol. — An der Küste werden die Kastelle spärlicher. *Tuják* an der Mündung des *Sujuk-sū* oder *Aï-Ján* gehört vielleicht bereits dem byzantinischen Territorium 'Αλανία an, das neben Φοῦνα genannt wird. Der Ort *Üsküt*, *Scuti* oder *Scuta* der Seekarten, erinnert an die Σκυϑόταυροι. Weiter östlich am Bache *Šelén* liegt *Kapso-chóri* „der Brandort", vielleicht ngr. Bezeichnung für Φοῦνα Acta patr. Cp. a. 1384. 1390 (II p. 67. 148), *Fonna* a. 1461 neben *Baganda* und *Vonitica* genannt; der Name klingt gotisch (vgl. *funa* m. *fōn* n. „Feuer" altn. *funi* „Glühasche"). An den Quellen des Baches *Worón* liegt *Ai-Séres* (ἅγιος Σέργιος.)

Es folgt die Bucht und der Hafen von *Sudák*, der alte Σκυϑοταύρων λιμήν, in alanischer Sprache (s. o. Abschn. I) *Sughdag* „der heilige, reine Ort" genannt; bei dem Geogr. Rav. „patria *Sugdavon*" neben „patria *Getho-Githorum*" (d. i. der Goten), *Sugdai*

REGISTER.

1. Ethnologisches.

Kaukasische Völker (Aboriginer) 2; megalithische Denkmäler bei dens. 3; die pontischen Tibarener 2; die Makrokephalen 3—5; Mingrelier und Abasgen 45; Čerkessen, Zygen, Kasogen 3, 6, 34, 39, 42, 45, 47, 48. Saxi, Saxones d. i. Čečenen 44. — Taurer 1, 2, 3; ihre Sprache 3; ihr physischer Habitus 4 fg.; Klima und Baumwuchs an der taurischen Südküste 2, 25; Baumcultus 25; Bienenzucht 7.

Juden, in Phanagoria 20; in Taurien 24; bei den Chazaren geachtet 24.

Eranische Völker: Kimmerier 1; Skoloten oder Skythen 1, 6; Sarmaten 6; Satarchaeer, sarmatischen Ursprungs, blondhaarig 5, 6; — Alanen, Yasen, Aas, Afs 7, 26, 34, 40, 42, 43, 46, 47, 48, 49; Gotthalani, Catalani 50.

Germanische Völker: Goten; ihr erstes Erscheinen im Pontus 9; Οὐννιγάρδαι 59; gotische Bischöfe 9, 20, 22, 23, 45, 47, 68; Τετραξῖται (von τετραξός „vierfach, viergetheilt") 12; foederati des römischen Ostreiches 13; Culturzustand 13; Ansiedelungen 14; Castell Daurôns 15; Guth in der georg. Chronik 22; Gotische Toparchen 23, 33, 34; Baumcultus 26; Goten, Verbündete der Utiguren 12 fg., den Chazaren unterworfen 19 fg., ihre Kämpfe 23, 26, 34 fg., unterliegen der Kumanen 40; die schönen Gotenmädchen im Igorliede 40; Gote in Nowgorod 41; der Titel Gotthicus 41; Missionen zu den Goten 43; idioma Teutonicum 48; That 5, 48; Gotthi parlano in Todesco 49; unter griechischen Dynasten 53; krym-gotisches Glossar 58—67; Mariupoler Neugriechen und Tataren 5, 68 u. a. O. — Rôs oder Russen, Normannen, Waranger 29, 30; Dromiten 29; Fürsten mit slawischen Namen (Swiatoslaw, Wladimêr) 36, 38.

Völker türkischen Ursprungs: Hunnobulgaren, Utiguren 10, 11 fgg.; Fürsten der Utiguren 13, 14, 18; Götzendienst 13. — Türken vom Altaï, Fürst Askil 17. — Awaren 17, 18. — Chazaren 18; ihre Kämpfe mit den Goten 19; ihre Tudune 20, 58, religiöse Toleranz, Achtung der Juden, christliche Missionen 24, 25; spätere Erwähnungen der Chazaren 32, 38, 39, 43, 44, 52. — Pečenegen 29, 31, 33, 35 fg. — Uzen 29, 40. — Kumanen, Polowzer 39, 40, 41 fg., 45 u. a. O. — Mongolen 41, 42; Noghaï 45. — Ulani 50, 55. — Canluci 58.

Mischvolk der Kosaken oder Brodniken 42.

2. Sprachliches.

βρίξαβα (angeblich taurisches Wort; vielleicht jedoch griechischen Ursprungs, wenn βριξός=φριξός „der zottige Widder" darin enthalten; vgl. lat. fircus, hircus „Ziegenbock"; Verwandtschaft der Taurer mit den Griechen oder Italikern anzunehmen, wäre gleichwohl ungereimt) 3, 71.

Tudun, „Statthalter", chazarisches Wort 20, 58.
Tat, „Fremder, unterworfene Race", türkisches Wort 5; daher That, Name der Goten und der Mariupoler Griechen 5, 48; Tót, Name der Slowaken bei den Magyaren 5.
Valacchi, Βλάχοι, gotische Bauern 45.
Krym-gotisches Glossar 58—67; gotisches Lied 66.

3. Anthropologisches.

Schädelverbildung, hypsokephale, bei verschiedenen Völkern 4.
Megalithische Denkmäler im Kaukasus und in der Krym 3.

4. Ortsnamen.

Aïtherios-Insel 33. Alania 7, 73. Alupka 70. Alušta 15, 73. Ardabda (Kaffa) 7. Asandri vicus 21. Borion d. i. das alte Olbia 35, 37. Bosporos (Vospro) oder Kerč, Korčew 9, 12, 13, 24, 46, 47, 49. Calitera 74. Cembalo s. Symbolos. Charax 71. Cherson, Korsun 9, 19, 21, 30, 31, 33, 38, 39, 40, 41, 46, 47, 69. Daguta in Kleinasien 27. Dôrant, Daurôns, Dôr 15, 20, 23, 35, 73. Elissos 74. Gialita, Jalta 72. Gaspra 71. Gora (ngr. χαρυά?) 73. Gurzuvitae, Gurzuf 15, 72. Kaffa, Feodosia 44, 46, 48 u. a. O. Kako-Jani 70. Karea, Karch (=Kerč?) 45. Kikineïs 70. Kinsanus 74. Klimata von Cherson und in Gothia 19, 22, 31, 32, 33, 41, 69. Kut 32. 48, 51. Lambat 73. Laspi 70. Liwadia 71. Mangup, Mankut 32, 51, 52, 54, 75. Marsanda 72. Matrica s. Tamatarcha. Maurocastro, Moncasto, d. i. Ak-kerman, 35, 37. Mysochori 71. Nikita 72; vgl. Sykita. Orianda 71. Otuz 74. Pangropoli 73. Parthenit 22, 23, 72. Phulla, Fūl 23, 25, 71. Phuna, Fonna 73. Posidinia 74. Qirqïer, quadraginta castella 43, 48, 69. Rosofar 33. Scuti 73. Simeïs, Simaius 70. Siwren 58. Solqat, Surgathi, d. i. Eski-Krym 39, 46, 48, 49. Sughdagh, Sugdaia, Sodaia, Suroż, eine alanische Ansiedlung 7, 26, 38, 42, 47, 48, 73, 74 u. a. O. Sulina 36. Sykita 73. Symbolos, Cembalo 47, 53, 70 u .a. O. Tamatarcha, Taman, Matrica 24, 38, 39. Theodoroi 52, 53, 54; vgl. Mankup. Tomi 27. Trapezus 73. Varangolimena 32, 37. Vrysis 73.

5. Namen von Reisenden und Berichterstattern.

Zemarchos 17. Ruysbroek 43. Jo. de Plano Carpini 44. Jo. Sciltperger 5, 48. Jos. Barbaro 49. Martinus Broniovius 52, 54. Mathias a Michov 55. Ogier de Bousbecque (†1592) 57—67. Mondorf (Jesuit) 26, 67.

6. Namen von Gelehrten.

Konrad Gessner 56. Pallas 4. v. Koeppen 16, 51, 69 fg. Montandon 15. Massmann 58. Diefenbach 58. Förstemann 58. Mannhardt 66. v. Baer 4. v. Lenhossék 4. Schaaffhausen 4. Ph. Bruun, 8. Kunik 8, 28, 29, 30, 33, 41 u. a. O. Thomsen 30.